AF274574

BAJO EL SIGNO DEL TIGRE

LA LEGIÓN INDIA EN LA *WEHRMACHT*

ÓSCAR GONZÁLEZ, PABLO SAGARRA, LUCAS MOLINA

GALLAND editorial BOOKS
www.gallandbooks.com

A Paco e Ione, profesionales de bandera.
Ione, todos te echaremos de menos.

«¡Se una roca! ¡Se un hacha!
¡Se oro indestructible!
Eres la luz que lleva
Por bello nombre "hijo"
¡Que vivas cien otoños!»
(Kauṣītaki Upaniṣad)

«¡La Legión India es una broma!»
(Adolf Hitler)

© *Óscar González López*
© *Pablo Sagarra Renedo*
© *Lucas Molina Franco*
© *Galland Books S.L.N.E.*

Reservados todos los derechos. Ninguna parte de esta publicación podrá ser reproducida, almacenada o transmitida de manera alguna, ni por ningún medio, ya sea informático, electrónico, químico, mecánico, óptico, de grabación o de fotocopia sin permiso de los propietarios del copyright.

Título original: Bajo el signo del tigre. La Legión India en la Wehrmacht
Primera edición: enero 2025
ISBN: 978–84-19469-77-9
Depósito legal: DL VA 683-2024
Diseño y maquetación: Arturo Sarmiento
Tratamiento de imágenes: Paco M. Queipo
Imprime: Rudelgraf
Impreso en España

Se prohíbe la reproducción total o parcial de esta obra con fines comerciales sin el consentimiento del autor, bajo otra cubierta o encuadernación distinta a éstas en que se publica, y omitiendo estas palabras.

Alemania y
el «Movimiento de Legionarios»

La II Guerra Mundial, como todos los conflictos desarrollados en contextos complejos –véase el ejemplo manifiesto de la reciente guerra en el Próximo Oriente librada contra el llamado Estado Islámico–, fue escenario de alianzas inverosímiles y controvertidas, aparentemente contra natura. Las potencias anglosajonas capitalistas se aliaron con la Unión Soviética comunista y la Alemania aria y nacionalsocialista lo hizo con el Imperio del Sol Naciente, nipón y sintoísta.

La *Wehrmacht* siempre mantuvo un carácter multinacional, multirracial y multirreligioso. En la imagen, voluntarios indios en uniforme alemán.

En el libro que no hace mucho dedicamos a los voluntarios árabes al servicio del III Reich, pusimos de relieve el carácter multinacional, multirracial y multirreligioso de la *Wehrmacht*, en el contexto general de una guerra donde se pusieron en juego multitud de factores ideológicos, políticos y económicos. No queremos aquí, en este trabajo, profundizar más sobre esa insólita y desconocida faceta multinacional –ahora la llamaríamos multicultural y multiétnica– del ejército alemán. Baste tenerla presente para enmarcar el estudio que vamos a realizar de otro grupo atípico de voluntarios al servicio del III Reich: los indios, un contingente raro por su escaso número, su peculiar idiosincrasia y por el territorio de su procedencia, muy alejado inicialmente de las pretensiones geoestratégicas de Alemania.

Sin lugar a duda, la participación de soldados indios en la *Wehrmacht* durante la II Guerra Mundial es un episodio histórico poco conocido y, en muchos aspectos, controvertido. Su participación en el ejército alemán revela aspectos significativos sobre el papel del nacionalismo indio, la influencia de los movimientos de independencia y las ambiciones estratégicas de la Alemania nazi para desestabilizar el Imperio Británico.

A lo largo de los años 30 y 40 del pasado siglo, los sentimientos nacionalistas se acentuaron en la India, generando una creciente oposición contra el dominio británico. La II Guerra Mundial ofreció una oportunidad para algunos líderes independentistas indios de aliarse con Alemania, confiando en debilitar al Imperio Británico y, en última instancia, lograr la independencia de su país. El caso más notable es el de Subhas Chandra Bose, un líder nacionalista indio que buscó el apoyo de las potencias del Eje, especialmente de Japón y Alemania, para formar un ejército indio que pudiera luchar contra los británicos. En este contexto, Alemania estableció la Legión India en 1941, conformada principalmente por prisioneros de guerra indios que habían sido capturados por las fuerzas alemanas en el norte de África y en otros escenarios del conflicto.

La Legión India fue entrenada y organizada por la *Wehrmacht* con la intención de emplearla en operaciones militares y propagandísticas contra el Raj británico. Sin embargo, la historia de estos soldados es más compleja de lo que sugieren sus circunstancias iniciales. Muchos de los reclutas no estaban necesariamente convencidos de la ideología nazi, sino que, en gran medida, respondieron a la atractiva promesa de liberarse de la opresión colonial. Para algunos, unirse a la Legión significaba una posibilidad de mejorar sus condiciones de vida en comparación con el trato que recibían como prisioneros de guerra. Para otros, era una expresión de lealtad a Bose y a su visión de una India libre, incluso si eso significaba aliarse temporalmente con una potencia imperialista como Alemania.

Al centrarse en la participación de soldados indios en el ejército alemán, este libro aspira no solo a iluminar aspectos casi ignotos del último conflicto mundial, sino que también reflexiona sobre las complejidades de la lealtad, el nacionalismo y la guerra.

Arriba. Soldado de la Legión India, unidad establecida por Alemania en 1941.

Abajo. Bandera de la Legión India, con el tigre y los colores del partido Congreso Nacional Indio. La leyenda Azad HInd hace referencia al movimiento en pos de una India libre impulsado por Chandra Bose.

4

Arriba. Tropas indias al servicio de la *Wehrmacht*, una de las grandes paradojas de la política geoestratégica del III Reich.

Abajo, izquierda y centro. Emblema de los voluntarios georgianos al servicio de la *Wehrmacht*. Al igual que ocurría con los indios, aspiraban a la independencia de su país (colección autores).

Los voluntarios de la Legión India se enfrentaron a un dilema moral y político al verse atrapados entre el deseo de liberar a su país y la colaboración con una potencia que, aunque opuesta al Reino Unido, no comulgaba abiertamente con las aspiraciones políticas independentistas de los indios. Estudiar el caso de estos voluntarios que vistieron uniforme alemán obliga a explorar las motivaciones individuales y colectivas que los llevaron a alistarse en la Legión India, hecho que tuvo un significativo impacto en el movimiento de independencia indio y en la política global de posguerra.

Derecha. Mahatma Gandhi, pensador y político pacifista, el más destacado dirigente del movimiento de independencia de la India.

HITLER Y LA «CUESTIÓN INDIA»

En su libro *Mein Kampf (Mi lucha)*, Hitler ya se había referido explícitamente a la India. A su juicio, los independentistas de ese territorio no podían tratar de iguales a los arios alemanes, a pesar de compartir un enemigo común, Gran Bretaña. El líder nacionalsocialista consideraba a los indios como «titiriteros asiáticos», miembros de una raza inferior y, por lo tanto, merecedores de ser colonizados. Esta declaración de intenciones hacía difícil *a priori*, si no imposible, cualquier relación con no arios, y menos con asiáticos. El mismo Alfred Rosenberg, considerado como el ideólogo del nazismo y autor del programático texto *El mito del siglo XX*, no dudó en afirmar que los «pobres bastardos indios» no merecían otra cosa que la dominación británica, aunque, dicho sea de paso, nunca disimuló su admiración hacia la cultura india.

Gregor Strasser (1892-1934), dirigente del ala izquierda del partido nazi.

La «cuestión india» nunca estuvo en la lista de sus prioridades ni mucho menos formó parte de las ideas políticas de Hitler. El líder alemán pensó constantemente en categorías europeas, por así decirlo; Asia siempre fue un mundo ajeno, extraño e incomprensible para él, y si mostró algún tipo de interés por la India, fue porque esta constituía la parte más preciada del imperio británico, al que consideraba como referencia y modelo para su política exterior expansiva. No en vano, en 1919 había declarado explícitamente su admiración por Gran Bretaña afirmando que «los ingleses tenían razones para sentirse orgullosos como pueblo», añadiendo que «a pesar de todo, los indios siempre estarían mejor bajo el dominio británico». En esa misma época, el ala izquierda del partido nazi, dirigida por Gregor Strasser, había propuesto la creación de una «liga de las naciones oprimidas» que aglutinara a indios, chinos, turcos, egipcios y árabes, pero esta idea fue rechazada de plano por Hitler desde las páginas del *Mein Kampf*.

Una vez en el poder, a partir de 1933, el *Führer* desplegó sin éxito una política de acercamiento a Gran Bretaña. El mismo Göring declaró que una India gobernada y controlada por los británicos era importante para los intereses germanos, porque de otra manera desaparecería la presencia económica alemana en la zona. Y aunque posteriormente el *Führer* alemán rebajó su discurso racista, con vistas a consolidar alianzas con el líder independentista indio Chandra Bose –convencido de que el enemigo de su enemigo era su amigo–, el «demagogo Hitler» ganó siempre la partida al «diplomático Hitler».

Edward Frederick Lindley Wood, Lord Hailfax, (1881-1959) en la posguerra, durante su época de embajador británico ante las Naciones Unidas. (NARA),

Durante una visita de Lord Halifax a Alemania en noviembre de 1937, Hitler puso claramente de manifiesto su ingenua visión respecto al panorama indio, así como su ignorancia acerca del funcionamiento de la mentalidad inglesa. Y es que al *Führer* no se le ocurrió otro consejo para que los británicos restauraran la paz y el orden en la India que fusilar a Gandhi. Lo que más sorprendió al político conservador británico, partidario de la política de apaciguamiento para con Hitler, no fue la brutal sugerencia del alemán, sino su absoluto desconocimiento de la situación en la India y de la lucha del líder pacifista indio. Y en este mismo orden de cosas, ni el propio Gandhi dudaba de que Hitler iba a dejar sin respuesta la misiva que le dirigió el 23 de julio de 1939, conminándole a no quebrar la paz en Europa.

La ideología de Hitler no se articuló en categorías culturales. En la esencia de su enfoque vital se erigía la manifestación de la fuerza y del poder, y todo hecho histórico fue siempre analizado y filtrado por él a la luz de este criterio, es decir, la necesidad de luchar sin otra ley que la fuerza. Por lo tanto, la invitación de Gandhi a la resistencia pasiva y pacífica nunca fue ni aceptado ni entendido por el *Führer*. Además, según este, las razas nórdicas –y esta categoría también integraba a los británicos– tenían el derecho de dominar el mundo, derecho que debía constituir la idea directriz de la política exterior nacionalsocialista.

Solo después de invadir la URSS, en junio de 1941, mostró Hitler un creciente interés en la cuestión india, considerando su ataque a Rusia como el paso previo para lanzarse sobre Asia con ayuda de Japón y aceptando la colaboración de Chandra Bose. Obviamente, que los nipones entraran en la guerra dio esperanzas a los independentistas indios. Pero el interés del *Führer* no pasó de ser leve, ligero, sin creer nunca en la viabilidad de una alianza con Bose. Tampoco el líder indio era un iluso al respecto, de tal manera que, tras su entrevista con Hitler, el 29 de mayo de 1942, comentó a sus íntimos que conversar con el *Führer* había sido como hablar con el faquir de Ipi, figura política y religiosa de la India con quien era imposible discutir de manera lógica y cabal sobre cualquier tema.

Arriba. Chandra Bose saluda a Hitler durante su encuentro en Prusia Oriental el 29 de mayo de 1942.

Abajo. Subhas Chandra Bose, apodado Netaji por sus seguidores.

Así las cosas, no es de extrañar que Hitler se refiriera a la Legión India como una «broma», una apuesta fallida de la que nunca esperó gran cosa. Solo la permitió por su importancia propagandística, pero fue consciente de que se convirtió en un lujo al que se le había pasado su oportunidad. De este forzado matrimonio de conveniencia entre Bose y el *Führer* surgirá la Legión India, que no pasará de ser un ensayo, un prototipo de ejército del proyectado Estado Azad Hind, aglutinando voluntarios entrenados por alemanes cuyo destino poco tuvo que ver con la lucha por una India libre.

EL «CENTRO INDIA LIBRE» Y LOS ORÍGENES DE LA LEGIÓN INDIA

Como se ha apuntado, la formación de unidades de extranjeros en el seno de la *Wehrmacht* fue algo más habitual de lo que se cree. Durante la Segunda Guerra Mundial, sirvieron como voluntarios en el ejército alemán soldados de casi todos los lugares de Europa. No obstante, la integración de hindúes supuso un caso especial y todo un reto para los germanos, algo que no siempre supieron gestionar correctamente los oficiales encargados de este asunto. Así, no es de extrañar que la ruta de muchos hindúes animados a formar parte de la *Wehrmacht* acabara en un campo de prisioneros. La elección de los encargados de la instrucción y entrenamiento de estos voluntarios asiáticos fue uno de los primeros problemas con los que se toparon los alemanes. Hay que tener en cuenta que en aquella época no era fácil encontrar alemanes que tuvieran cierta experiencia para tratar con extranjeros de un perfil tan singular como el de los hindúes. Para empezar, el conocimiento de la lengua inglesa no era tan común como en la actualidad.

Arriba. Sello emitido en Alemania en febrero de 1943 para conmemorar el movimiento Azad Hind.

Centro. Medalla Azad Hind para condecorar a voluntarios de la Legión India.

Abajo. Paul Thieme (1905-2001), uno de los mejores especialistas alemanes en sánscrito.

Así las cosas, Kurt Krappe (1899-1969) fue finalmente el designado comandante de la Legión India. Hasta la Gran Guerra, Krappe había vivido como granjero en la antigua colonia del África Oriental Alemana. Su último cargo antes de dirigir a los voluntarios asiáticos fue el de responsable de la Oficina de Reemplazos para el Ejército de la ciudad morava de Zwittau (la actual Svitavy checa). Más difícil que buscar un comandante fue encontrar a alemanes que hablaran hindi (o alguna de las 22 lenguas de la India…).

De hecho, la *Wehrmacht* destinó a la Legión India, sin pensarlo dos veces, a orientalistas, expertos universitarios alemanes en idioma y cultura del subcontinente indio. El trabajo de estos especialistas fue concienzudo y espectacular. Así, el profesor Paul Thieme (1905-2001), uno de los mejores especialistas en sánscrito, fue el encargado de poner en marcha una suerte de departamento encargado de la traducción y de la formación en los rudimentos del idioma indio.

Asimismo, los profesores orientalistas Otto Spies (1901-1981) y Ernst Bannerth (1895-1976) enseñaron los aspectos básicos del hindi a los alemanes que se iban a encargar del entrenamiento de los voluntarios asiáticos de la citada legión. Y para tal propósito, editaron el primer manual de hindi en alemán, un libro de tal calidad que siguió siendo una referencia filológica básica después de la guerra. Junto al manual, también se publicó un diccionario alemán-hindi, centrado básicamente en términos militares, sin olvidar la revista de la legión, *Bhaiband*, de la que hablaremos posteriormente.

En todo este asunto fue esencial la participación de Subhas Chandra Bose, líder que trabajó por una India libre de la tutela británica. Bose residió durante dos años en Alemania, desde febrero de 1941 hasta el mismo mes de 1943, y su estancia fue decisiva para trabajar mano a mano con las autoridades del Reich, a fin de establecer las bases de una más que posible colaboración entre la India y Alemania. Lo primero que Bose hizo fue constituir una suerte de oficina técnica, Centro India Libre *(Zentrale Freies Indien)*, cara visible del proclamado Gobierno Indio Libre (Azad Hind). El citado centro estaba integrado por estudiantes residentes en Berlín, periodistas y hombres de negocio indios que llevaban años viviendo y trabajando en Alemania. A principios de 1942 ya había 13 de estos perfiles trabajando a pleno rendimiento en el centro. La mayoría de ellos eran personas de sólida formación académica. Sin duda, el más conocido llegó a ser Arathil Chandeth Narayanan Nambiar. Esta oficina o comité recibió el estatus de representación oficial diplomática, en cuyo edificio ondeaba sin complejos la bandera naranja-blanca-verde del Partido del Congreso Nacional Indio. De la misma manera, Bose fue tratado con el título de «excelentísimo señor».

Una de las principales tareas del Centro consistía en la elaboración de propaganda para que fuera emitida por la emisora *Azad Hind*, que a través de onda corta y de manera eficaz, llegaba hasta la India y era escuchada por soldados indios al servicio de los británicos. A través de ciertos programas y de la emisión de canciones tradicionales trataban de despertar el senti-

Adam von Trott zu Solz (1909-1944), colaborador en el Centro India Libre. Fue ejecutado en agosto de 1944, implicado en el atentado contra Hitler. Adam consiguió que su hermano Heinrich (1918-2009) fuese transferido desde el frente ruso a la Legión India.

Bose (centro) y Nambiar (izq) en Bad Gastein, Austria, diciembre 1937.

Arriba. Kurt Krappe, comandante de la Legión India, junto a Bose, durante una visita de este a sus voluntarios.

Abajo. Otto Spies (1901-1981) fue uno de los orientalistas que trabajó en la organización de la Legión India. En la imagen, algunas de sus obras.

miento revolucionario entre los soldados indios al servicio de los británicos. Y aunque el idioma inglés era conocido por cerca de 60 millones de indios, el indostánico lo entendían 200 millones, convirtiéndose de este modo en el elegido para las primeras emisiones desde Alemania, sin descartar el bengalí, el tamil y el telugu.

La otra tarea llevada a cabo por el Centro, aunque menos exitosa, fue la colaboración, con el *Abwehr* –los servicios de inteligencia del Reich– y la delegación alemana en Kabul, en la organización de sabotajes y revueltas en las provincias indias del noroeste, fronterizas con Afganistán.

Junto al Centro India Libre también se organizó otro departamento, el denominado *Sonderreferat Indien* (Sección para Asuntos Indios), dirigido por el Dr. Adam von Trott zu Solz, cuyo cometido principal fue el de planificar y estructurar la política y el enfoque propagandístico del Reich para con la India, así como la de cuidar la labor del citado Centro.

No cabe duda de que en el plano intelectual y organizativo el trabajo conjunto entre indios y alemanes funcionó correctamente. Todo ello cristalizó, no solo en la emisión diaria de noticias propagandísticas, sino también en la edición de libros y de una revista especializada, así como en la creación de una Sociedad Indo-Alemana. Las dificultades, no obstante, aparecieron pronto en el plano político, al chocar los enfoques de Bose y de las autoridades alemanas. El líder indio buscaba que los países del Eje realizaran una inequívoca declaración formal a favor de la independencia de la India. Mussolini lo apoyaba, sin duda, pero no Hitler. Y es que, en 1941, el *Führer* aún confiaba en poder alcanzar la paz con los británicos, convencido de que juntos podrían combatir al enemigo soviético.

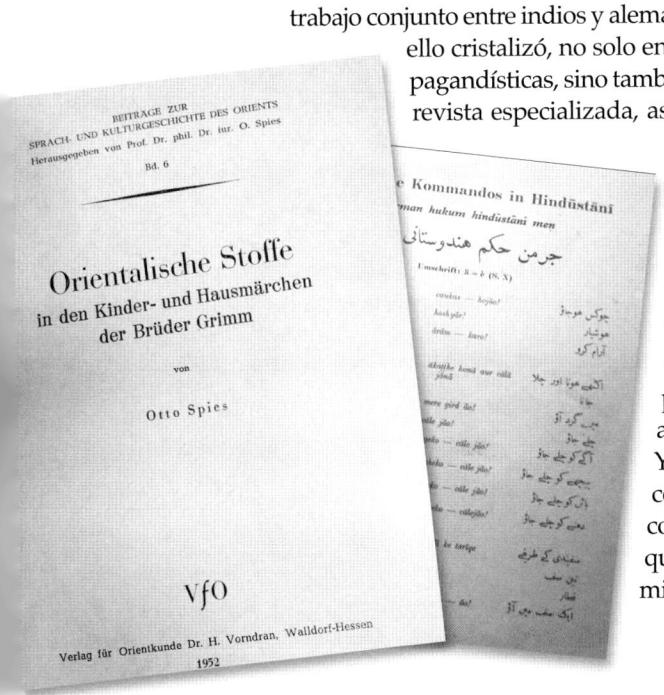

SUBHAS CHANDRA BOSE, NETAJI

Nacido en la ciudad india de Cuttack el 23 de enero de 1897, Subhas Chandra Bose no dudó en desafiar la autoridad británica en la India, pero, a diferencia de Gandhi, no apostó por la oración y la resistencia pacífica, sino por la lucha activa. Educado en la escuela europea de Cuttack, pasó por las universidades de Calcuta y de Cambridge, especializándose en filosofía y demostrando una notable habilidad para los idiomas, aprendiendo sánscrito, bengalí, inglés e incluso latín. Había nacido en el seno de una familia rica bengalí y desde su infancia tuvo claro que la India debía ser independiente. Un hecho despertó este sentimiento: la ejecución de Khudiram Bose, un joven independentista de 19 años ahorcado por las autoridades británicas en 1908. Las ideas de Chandra Bose se articularon en torno a un lema: «dadme vuestra sangre y yo os daré la libertad», transformando su liderazgo en un proyecto patriótico que atrajo a miles de indios.

Inicialmente, Bose fue seguidor de Gandhi, atraído poderosamente por su filosofía de la no violencia. En uno de sus viajes, regresando de Londres en avión, coincidió con el poeta Rabindranath Tagore, quien le recomendó visitar al carismático líder pacifista. De hecho, tras su encuentro con Gandhi, Bose se convirtió en un educador, propagandista y líder de los voluntarios de la sección bengalí del Partido «Congreso Nacional Indio», actividades que provocaron su encarcelamiento en diciembre de 1921. También sufrirá otra detención en 1925, a consecuencia de la cual pasará dos años deportado en la ciudad birmana de Mandalay. En 1927 se convirtió en el líder de la citada formación política en Bengala y en 1938 consiguió ser presidente del Congreso Nacional Indio, reelegido también al año siguiente, momento en el que comenzaron a surgir diferencias entre Gandhi y él. La presión pudo con Bose, no quedándole otra opción que dimitir el 29 de abril de 1939. La propuesta de máximos de nuestro biografiado, solicitando formalmente a los británicos que abandonaran la India en el plazo de seis meses, no agradó a Gandhi. Chandra Bose siguió adelante con sus irrenunciables planes de iniciar una guerra de liberación. Aunque no se separó del partido, fundó una facción, el denominado *Forward Bloc* (Bloque Vanguardista), siendo apoyado por los miembros más izquierdistas del Congreso Nacional.

Iniciada la guerra mundial, Bose expresó en diferentes foros que, a pesar de su negativa a apoyar o a implicarse en la guerra, estaba dispuesto a combatir contra los británicos si la situación lo exigía. Esta inequívoca actitud provocó su arresto domiciliario. Consiguió fugarse y abandonar la India el 16 de enero de

1941, dirigiéndose a Moscú a través de Afganistán. En Kabul fue ayudado por los servicios de inteligencia germanos e italianos. De hecho, voló hacia Moscú con una identidad falsa, la del súbdito italiano Orlando Mazzotta. Una vez en la capital soviética pudo entrevistarse con Stalin en busca de apoyos para su causa. Fue en vano. En ese momento de buenas relaciones con Gran Bretaña, lo que menos deseaba el líder soviético era complicarse la vida con Londres. No obstante, Stalin prometió apoyo moral a Bose para abolir el mandato británico en la India.

Netaji

Subhash Chandra Bose

Sin desistir en su intento de recabar avales y ayuda en su particular lucha contra los británicos, Chandra Bose llegó a Alemania en abril de 1941. El embajador alemán en Moscú, el conde Von der Schulenberg, facilitó su traslado a Berlín. No era la primera vez que Bose visitaba Alemania. Ya en 1933 había viajado a la URSS, Italia y Alemania. A su juicio, estos dos últimos países habían sintetizado a la perfección el ideario identitario con el social en sus propuestas políticas, fórmula que le pareció perfecta para su propio programa. A pesar de la importante brecha ideológica entre el nazismo y Bose, este consiguió fondos de los germanos para poder abrir el Centro India Libre, foco ideológico que aglutinó a los seguidores de nuestro biografiado y del que surgieron las bases de la futura Legión India. Fue en Alemania donde Bose comenzó a recibir el apelativo de Netaji, es decir, «respetable líder».

Siendo un izquierdista de manual, recibió un duro golpe moral cuando Hitler invadió la URSS en junio de 1941. Fue entonces cuando se convenció de que Alemania ya no estaba en disposición de ayudarle a expulsar a los británicos de la India. En 1942, Bose tomó la decisión de trasladarse al sudeste asiático, confiando en que Japón apoyara sus propuestas de manera más significativa que los alemanes. A tal efecto, en febrero viajó junto a su ayudante Abid Hasan (1911-1984) a bordo del submarino alemán U-180, al mando del capitán Werner Musenberg (1904-1976), bordeando el Cabo de Buena Esperanza y alcanzando la costa sudeste de Madagascar. Este fue el lugar elegido para que Bose fuera transferido al submarino japonés I-29, a las órdenes del capitán Masao Tareoka, con el que desembarcó en el puerto indonesio de Sabang, en la isla de Weh, situada al noroeste de Sumatra, en mayo de 1943. Un singular viaje, sin duda, que convirtió a Bose en el único civil que hizo semejante travesía a lo largo de la guerra. Bose dejó en Alemania para siempre a su mujer,

la austriaca Emilie Schenkl (1910-1996), a quien había conocido en 1934, y a su hija, Anita Pfaff, que nació cuando el líder indio ya no estaba en Europa, el 29 de noviembre de 1942.

Con el apoyo japonés, Chandra Bose relanzó el Ejército Nacional Indio, utilizando para ello el mismo método que puso en práctica con la Legión India, a saber, reclutar a prisioneros indios capturados en los combates de Singapur. Asimismo, con auspicio japonés se estableció un Gobierno de la India Libre (Gobierno Azad Hind), presidido por Bose, en las islas indias de Andamán y Nicobar, territorio ocupado por los nipones en 1942, así como en las regiones de Arakan y, parcialmente, en Bangladesh. En su nuevo estado, Netaji introdujo una moneda, estableció códigos propios, civil y penal, e incluso emitió sellos postales. Además, renombró a las islas: Saheed (mártir) fue el que recibió Andamán y Swaraj (independencia), el destinado a Nicobar. Como veremos, poco sirvieron estas medidas, que no pasaron de ser meramente simbólicas.

El Ejército Nacional Indio había sido previamente auspiciado por el general Iwaichi Fujiwara (1908-1986), máximo responsable de la unidad de inteligencia Fujiwara Kikan, animando a los movimientos independentistas anticolonialistas del sudeste asiático a colaborar con Japón. Su mayor activo fue el capitán Mohan Singh, un antiguo oficial indio al servicio de los británicos, capturado por los nipones en Malasia en diciembre de 1941. Fujiwara y Singh organizaron el primer proyecto del Ejército Nacional Indio, algo que concluyó en diciembre de 1942, como consecuencia de los desacuerdos entre el oficial indio y los japoneses. Bose reorganizó esta unidad militar, poniéndola bajo su mando, toda vez que conseguía un masivo apoyo entre los expatriados indios del sudeste asiático. Fuerzas especiales del ejército de Bose estuvieron envueltas en operaciones tras las líneas enemigas en los combates de Arakan, así como en el avance japonés hacia Imfal y Kohima. Fue cerca de estos lugares, en Moirang, donde se izó por primera vez la bandera tricolor india, diseñada tomando como base la del partido Congreso Nacional. Pero las rotundas victorias británicas en Kohima e Imfal hicieron que se esfumaran definitivamente las aspiraciones de Netaji de establecer una base en territorio indio continental.

Bose quedó también decepcionado con el trato que los japoneses dispensaban a los soldados indios. Además, los nipones controlaban con mano de hierro como dueños absolutos las islas de Andamán y Nicobar, llegando incluso a torturar y matar al líder independentista local, el Dr. Diwan Singh (1897-1944). Con la caída de Rangún (Birmania), el gobierno Azad Hind de Bose dejó de ser una entidad política efectiva. Un nutrido grupo de soldados del Ejército Nacional, a las órdenes del general Arcot Loganathan (1888-1949) se rindió en Birmania, a principios de mayo de 1945. El resto huyó con Bose hacia Malasia. Después de la conquista aliada de Singapur, Bose eligió escapar a Manchuria, creyendo ingenuamente que la URSS seguiría apoyando su postura antibritánica. El avión que trasladaba en su errática huida al líder indio se estrelló en Taiwan, aún ocupada por los japoneses, el 18 de agosto de 1945. Bose falleció a consecuencia de las heridas y quemaduras sufridas. Tenía 48 años.

Bose y la tripulación del I-29

14

NAMBIAR, LA MANO DERECHA DE BOSE

Arathil Chandeth Narayanan Nambiar (1896-1986) fue junto con Bose la persona más influyente en el Centro India Libre. Presente en Alemania desde 1929, Nambiar ejercía informalmente de representante del Partido del Congreso Indio, pero fue detenido por las autoridades nacionalsocialistas en 1933 y expulsado del país. Al comienzo de la guerra ejercía de periodista en París. Nambiar, no despertaba especiales simpatías entre las autoridades alemanas, dada su ideología izquierdista y su postura antinazi, pero Bose –izquierdista como él– le convenció para que se convirtiera en su segundo en Berlín. Se convertirá en representante de Bose en Alemania cuando este abandone el país en 1943. A finales de 1945 fue detenido por los británicos en la localidad austriaca de Bad Gestein acusado de colaborar con el ene-

migo, pero se las apañó para escapar a Suiza. En 1948, Nambiar consiguió un pasaporte indio, convirtiéndose al poco en embajador en Escandinavia de la recién creada República de la India; en 1955 lo fue en Bonn (Alemania Federal). Una vez terminadas sus actividades diplomáticas, ejerció como corresponsal en Europa del periódico Hindustan Times.

ALEMANES DE LA LEGIÓN INDIA EN LA POSGUERRA

Varios de los oficiales germanos que sirvieron en la Legión India llegaron a ser personajes influyentes en la política, cultura y sociedad de la Alemania de la posguerra.

Adalbert Seifert

Así, Adalbert Seifert (1902-1990) se convirtió en ministro en Baden-Württemberg, y junto a Wilhelm Lutz fundó la Sociedad Indo-Germánica en Stuttgart en 1953.

Rudolf Hartog (1924-2018), jovencísimo intérprete en la Legión, llegó a ser un famoso arquitecto en Bad Salzuflen. En su libro *Im Zeichen des Tigers*, publicado en 1991, describe perfectamente el ambiente y la camaradería entre alemanes e indios, subrayando la unión entre ambos, desmontando así mitos propagados por historiadores estadounidenses.

Hans Kutscher

Hans Kutscher (1911-1993) llegó a ser senador en la República Federal Alemana y también presidente del Tribunal Europeo de Justicia entre 1976 y 1980.

Paul Thieme (1905-2001), Wilhelm Rau (1922-1999) y Karl Hoffmann (1915-1996) consiguieron ser destacados orientalistas, expertos en indología sin parangón en Europa.

EL MOVIMIENTO AZAD HIND EN LA FILATELIA

En 1943 se diseñaron seis sellos postales diferentes que serían utilizados como propaganda del Azad Hind. La idea original fue de Chandra Bose, pero el diseño real correspondió a Werner y María von Axster-Heudtlass, matrimonio de ilustradores de renombre entre 1925 y 1949. Los sellos nunca estuvieron en circulación.

Antes, en 1942, Bose había instituido una serie de medallas y condecoraciones por el servicio prestado a la causa del Azad Hind. Al igual que en el caso alemán, fueron añadidas espadas cruzadas a estas condecoraciones cuando se concedían por mérito en el combate. Casi la mitad de los voluntarios de la Legión recibieron esta medalla.

RECLUTAMIENTO E INSTRUCCIÓN DE LA LEGIÓN INDIA

Arriba. Soldados sijs del ejército británico. Capturados por alemanes e italianos, un puñado de ellos decidirá ingresar en la Legión India de la *Wehrmacht*.

Centro. El escudo de INDIA LIBRE (Freies Indien) lo portarán estos voluntarios en la manga derecha de su guerrera.

El avance imparable de alemanes e italianos en el norte de África provocó la captura de un buen número de indios que servían en las filas británicas. Los primeros interrogatorios de oficiales ya dejaron claro que muchos de ellos querían colaborar con los alemanes. El sentimiento de superioridad con el que decían ser tratados por sus mandos británicos pudo facilitar este cambio de actitud. Más allá de su apariencia occidental, los soldados indios se sentían especialmente atraídos por la esvástica de la bandera y uniformes alemanes. No en vano, hoy en día sigue siendo uno de los principales símbolos del hinduismo. Se llegó a dar el caso de un soldado indio, voluntario en la Legión India, que estaba convencido de los orígenes hindúes del mismísimo Hitler, ya que –según él– no fumaba, era vegetariano y veneraba la esvástica.

Así las cosas, alrededor de 1200 prisioneros indios fueron trasladados hasta finales de 1941 al campo de prisioneros de Annaburg, en el actual estado alemán de Sajonia-Anhalt. Los internos fueron bien tratados, conforme a la Convención de Ginebra, recibiendo raciones idénticas a las de los soldados alemanes e incluso una paga semanal. Del mismo modo, pudieron practicar libremente su religión e incluso se les permitió trabajar fuera del campo sin apenas

Arriba y abajo. Soldados indios en las filas del ejército británico durante la Campaña del Norte de África.

vigilancia de los alemanes. También la Cruz Roja se encargó de proveerles de productos indios, a través del envío regular de paquetes con té, cigarrillos, chocolate o especias. Lógicamente, en sus salidas del campo los prisioneros indios contactaron con civiles alemanes. Ninguno de los prisioneros aprovechó esta relajación de la vigilancia para fugarse.

A pesar de estas facilidades, las tensiones entre los soldados asiáticos y los vigilantes del campo fueron una constante. Y es que el estricto mantenimiento del orden y la obediencia a las normas, característica germana por excelencia, no era precisamente del agrado de los indios. Por cierto, hay que subrayar que la solidaridad de estos con los prisioneros rusos, cuya situación en el campo era infinitamente más dura que la de los asiáticos, fue encomiable, compartiendo con ellos patatas y pan de sus raciones.

El 21 de diciembre de 1941, el líder Subhas Chandra Bose visitó el campo de Annaburg, con la clara intención de conseguir voluntarios para la Legión India. El discurso del líder independentista indio –no muy dotado para la oratoria, dicho sea de paso– fue interrumpido por los gritos de soldados, quienes, animados por sus suboficiales, fieles a los británicos, consideraban una traición la invitación de Bose. No podían creer que el famoso político realmente estuviera delante de ellos, y pensaron que todo obedecía a una extraña jugada promovida por los alemanes. Por curioso que pueda parecer, al día siguiente cambiaron las tornas y recibieron a

Bose con claras muestras de alegría. Al parecer, uno de los prisioneros, que había conocido a Bose en Calcuta, lo identificó, y la noticia se extendió rápidamente entre los restantes internos del campo. El movimiento de los seguidores de Bose no se hizo esperar y un buen puñado decidió ingresar en las filas de la Legión India. Unos 68 dieron un paso adelante y fueron trasladados a Frankenberg, a unos 400 km al oeste de Annaburg. El resto fue transferido al campo de Colditz o al de Mühlberg –de claras resonancias hispanas–. Era esencial separar a los que se habían negado a enrolarse en la Legión del resto de prisioneros que desde el norte de África llegaban hasta Annaburg, a fin de evitar una influencia negativa en posibles candidatos.

El 27 de enero de 1942, Bose despedía desde la estación berlinesa de Anhalter al primer grupo de propagandistas, unos 21 hombres

encargados de la selección y formación de los hombres que espe-
raban en Frankenberg. Este grupo selecto estaba compuesto principalmente por estudiantes indios presentes en la capital alemana
y por los ex prisioneros de Annaburg más aptos para esta labor. A
los primeros 68 indios que manifestaron su intención de enrolarse
en la Legión se les unieron hasta junio de 1942 otros 83 voluntarios
(de un total de 362 prisioneros que habían llegado en 17 transpor-
tes). Asimismo, del campo de Lamsdorf (la actual ciudad polaca de
Łambinowice), en Silesia, donde se encontraban recluidos 156
prisioneros indios, 46 arribaron a Frankenberg, deseosos de inte-
grarse en la nueva unidad.

Voluntarios indios posando junto a sus instructores alemanes en el campo de Frankenberg.

Adiestramiento y tensiones

Bose visitó el campo de Frankenberg durante la tercera semana
de febrero de 1942. El entrenamiento de la Legión ya se había ini-
ciado, pero la unidad aún seguía teniendo el nombre en clave de
Arbeitskommando Frankenberg (Comando de Trabajo Frankenberg),
con el comandante (posteriormente coronel) Kurt Krappe ejer-
ciendo el mando. El reclutamiento seguía un ritmo más lento del
esperado. Así, en la clase de tropa, uno de cada cuatro o cinco
soldados se presentaba voluntario, pero apenas se conseguía en-
ganchar y convencer a oficiales o suboficiales indios.

Hasta julio de 1942, la Legión contó solo con una compañía. Fue
entonces cuando un transporte de prisioneros indios, compuesto
por un gran número de Sijs, decidió enrolarse en la unidad indo-
alemana.

Por otra parte, los enamoramientos entre voluntarios indios y mujeres alemanas no se hicieron esperar, algo que no fue del agrado de las autoridades del partido nazi en el lugar, aunque no hubo ningún impedimento formal al respecto. Eso sí, los matrimonios fueron absolutamente prohibidos. Lo que ninguna autoridad pudo evitar fueron los embarazos, fruto de las relaciones entre indios y jóvenes sajonas…

Soldados indios son adiestrados por alemanes en el manejo de una pieza de artillería.

A mediados de 1942, el campo de Frankenberg se quedó pequeño para albergar a los efectivos de la Legión, en ese momento, oficialmente, 950.º Regimiento de Infantería (Indio). Así las cosas, el 15 de julio de ese año, la unidad se trasladó a su nuevo destino, el campamento de Königsbrück. Esta localidad, situada a 80 km al sudeste de Dresde, disponía de uno de los mayores campos de entrenamiento de Alemania, con unas instalaciones que en su mayor parte se encontraban vacías desde el inicio de la guerra. El regimiento indio dispuso, así, de un inmejorable espacio para su instrucción, donde todos los aspectos de la vida de los soldados quedaron cuidados.

El teniente Ulrich von Kritter (1909-1999), uno de los oficiales alemanes encargados de la instrucción de los soldados indios, describía así en su diario, con fecha del 11 de febrero de 1943, las peculiaridades del entrenamiento:

> Los voluntarios han sido provistos de uniforme alemán y tienen permisos y pases de salida como cualquier otro soldado. Pueden

Bose visitando el campo de de Königsberg, lugar de entrenamiento de los soldados indios.

pasear y comprar libremente por Königsbrück, el pueblo cercano al campamento. Incluso después de su ingreso en la Legión, han podido seguir recibiendo los paquetes para prisioneros facilitados por la Cruz Roja.

Aun así, no parece que resultara atractivo para los indios entrenarse militarmente en mitad de un frío invierno, con una tediosa y pesada rutina de instrucción, en un campamento cubierto de nieve. Marchas de 30 km formaban parte del programa diario. Von Ritter apuntaba al respecto en su diario:

> No es fácil entrenar a una masa de prisioneros, desacostumbrados durante meses a la disciplina militar, políticamente indiferentes o nada cohesionados, y transformarlos en combatientes de primera línea aglutinados en torno a nuevos objetivos políticos y militares.

El deporte y las actividades culturales ocuparon gran parte del ocio de los voluntarios. Se organizaron obras de teatro promovidas por los integrantes de la Legión. Asimismo, musulmanes, sijs e hindúes dispusieron de todo tipo de facilidades para llevar a cabo sus prácticas religiosas, un aspecto, sin duda, esencial en la vida de estos soldados. Y vinculado a este asunto estaba el de la dieta, ya que los hindúes no podían comer carne de vaca y los musulmanes tenían prohibido la de cerdo. Por ende, el cordero se convirtió en la carne por excelencia en el menú de estos soldados asiáticos.

Soldados sijs durante su periodo de instrucción. Aunque algunos comenzaron a estudiar alemán, les resultó más cómodo a los interpretes alemanes comunicarse con ellos en hindi.

Este tema de la alimentación no era baladí, porque visibilizaba las diferencias étnicas y religiosas de los integrantes de lo que debía ser una «única y compacta unidad militar». Hay que tener en cuenta que, en 1942, el 59 % de los legionarios eran hindúes, el 25 % musulmanes, el 14 % sijs, el 2 % budistas o cristianos y el 9 % profesaban otras religiones.

En cuanto a su procedencia, el 27 % pertenecía a la casta rajput, clan presente

EFECTIVOS Y ESTRUCTURA DE COMBATE LA LEGIÓN INDIA

Se puede considerar que en 1942 la Legión estaba nutrida con unos 1187 voluntarios (en cualquier caso, no más de 1300 hombres hacia finales de ese año). En febrero de 1943, Chandra Bose felicitó por telegrama a los cerca de 2000 hombres que por aquel entonces componían la Legión. A finales de marzo de ese año, la unidad alcanzó la entidad de regimiento al contar con cerca de 2600 soldados, con 300 oficiales, suboficiales y traductores. Aunque hay fuentes que señalan que la Legión alcanzó los 4500 integrantes, es más probable que la cifra fuera 3500.

Estaba compuesta por tres batallones, cada uno de los cuales lo integraban tres compañías de fusileros, además de una cuarta de ametralladoras. En el verano de 1944 su orden de batalla era el siguiente:

- El 1er Batallón, al mando del capitán Adolf Scharwächter (1914-2010), comprendía las 1ª, 2ª, 3ª y 4ª compañías.

Sayed Ishaq, oficial veterinario

- El 2º Batallón, a las órdenes del capitán Helmuth Schönhals, aglutinaba las 5ª, 6ª, 7ª y 8ª compañías.

- El 3er Batallón, mandado por el teniente Hans Kutscher, agrupaba las 9ª, 10ª, 11º y 12ª compañías.

Las compañías de apoyo eran, la de antitanques (con seis piezas PaK 38), al mando del teniente Hubert Kölzer, una compañía de artillería de acompañamiento (equipada con seis cañones de 75 mm y formada durante la estancia de los legionarios en Francia), a las órdenes del teniente Hans Stephan, y una de zapadores al mando del teniente Wolf Hauter, además de la respectiva plana en cada batallón. También se contaba con la plana regimental y una sección de transmisiones.

El regimiento fue sucesivamente motorizado, recibiendo 81 vehículos de transporte. Contaba también con unos 700 caballos.

en el centro y norte de la India; el 22 % procedía de la casta marata; el 19 % era jat, el 12 % pertenecía a la casta garhwali, la segunda en importancia de la India, y el 11 % procedía del clan que habitaba en Madrás, en el sur. En su preciada India, «joya de la corona» de su potente imperio, los británicos no habían conformado sus compañías y secciones con soldados de diferentes etnias y religiones, sino que tendían a agruparlos de manera homogénea, algo que sucedía, por ejemplo, con los temibles gurkhas nepalíes.

Este no era precisamente el modelo que quería seguir Bose. El líder indio aspiraba a una futura India independiente e igualitaria en la que todos los credos religiosos fuesen respetados y convivieran, reforzando así lazos en aras de la unidad nacional. Pero en la

práctica, la convivencia entre grupos tan va-
riopintos no estuvo exenta de tensiones y de
problemas. Días festivos y horarios rituales
diferentes, además del consabido problema
de dieta, fueron detalles conscientemente
asumidos por los alemanes, pero complica-
dos de gestionar. El Ramadán musulmán, o
la prohibición ritual de cortarse el pelo o de
afeitarse en los sijs, por ejemplo, eran líneas
rojas que no debían cruzarse a pesar de las
rígidas disposiciones militares alemanas. A
los oficiales de la *Wehrmacht* les quedó claro
que su concepto de la disciplina difería del
de los indios, no quedándoles otro remedio a
los germanos que adaptarse. Así lo recogía en
su peculiar informe un oficial alemán encargado del entrenamiento de la Legión:

> A pesar de su inteligencia, los indios son en
> cierta manera primitivos en sus maneras. Apelar
> a la razón [con ellos] es un fracaso, de tal modo
> que la burla y el insulto se convierten en medios
> esenciales [de comunicación]. Es inadecuado dar órdenes cuya ejecución
> vaya a plantear por adelantado dificultades. (…) Conviene dar órdenes
> simples y claras, que una vez dictadas deben ser cumplidas. (…) El
> soldado debe tener la oportunidad de hablar, algo que merece la pena
> si su superior emplea tiempo y esfuerzo, armándose de paciencia. El
> soldado se siente entendido si cree que `sabe latín´ a los ojos de su su-
> perior.

Arriba. Instructor alemán

Abajo. Voluntario sij de la
Legión India. Sus creencias
religiosas complicaron su
adaptación a la disciplina
militar germana.

Situaciones a las que jamás se habían enfrentado, plantearon
serios problemas a los oficiales alemanes encargados del adiestramiento de los voluntarios indios. Bañarse juntos, por
ejemplo, era algo que los sijs no podían permitir. A los
germanos les costaba entender que el sijismo estipulara
que no se podían enseñar las piernas desnudas. Así que
la muda de ropa interior de estos voluntarios indios se
tenía que realizar mientras se bañaban, libre de miradas
ajenas.

Y en este mismo orden de cosas, Nahar Govind Gan-
puley, al servicio del Centro India Libre, describía así el
porqué de la inevitable colisión entre la disciplina pru-
siana y la idiosincrasia india:

> [los oficiales alemanes] Tenían en sus cabezas la menta-
> lidad y la obediencia prusianas. Gritar órdenes fue frecuen-
> temente malinterpretado por nuestros hombres e identifi-

cado con un tono de superioridad que no era de su agrado. Ahora que eran libres, no podían tolerar que un hombre blanco les mandara. Esta era la mentalidad de fondo. Era una reacción que dejaba entrever el hartazgo hacia la supremacía británica, que significaba ni más ni menos la supremacía del hombre blanco.

Era obvio que había un trato especial con los legionarios. De hecho, se dio el caso de alguno que marchó a Berlín sin permiso y que no fue posteriormente castigado…

En caso de arresto, los voluntarios indios, en principio, eran enviados enseguida de vuelta a un campo de prisioneros. Así las cosas, durante el adiestramiento de la Legión, los oficiales alemanes intentaron echar mano de métodos «diplomáticos», donde la palabra paciente sustituía al grito, para que no cundiera el desánimo entre los voluntarios. El ya citado Kritter llegará incluso a afirmar que las técnicas que los alemanes empleaban eran más parecidas a la educación de niños que al adiestramiento de soldados.

Solo en marzo de 1943 tuvo lugar en Dresde el primer consejo de guerra contra voluntarios indios por actos contrarios a la disciplina. Cuatro soldados indios (probablemente se trató de Firoz Qhan, Dhanna Ram, Sawan Ram y Qhar Singh) fueron condenados a privación de libertad, pero en lugar de internarles en un campo de concentración –como hubiera sido lo propio–, fueron enviados al campo de prisioneros de Torgau. Lo primero hubiera tenido un efecto contraproducente en la moral de la Legión.

Pero a pesar de estos desencuentros, el descontento y la frustración no fueron las protagonistas de la convivencia entre indios y alemanes. Hubo bastantes voluntarios que se emplearon a fondo para poder aprender alemán, por ejemplo, aunque siempre les resultó más cómodo a los intérpretes alemanes mantener la comunicación en hindi o en los diferentes dialectos indios. Hans Franzen, oficial alemán destinado en la Legión, recordaba en estos términos tan poéticos la relación con los voluntarios asiáticos:

Suboficial sij en uniforme alemán. Los voluntarios indios no aceptaron el tono de superioridad de ciertos instructores alemanes.

A pesar de todos los disgustos y contrariedades vividas en nuestro día a día con los indios, les apreciábamos por su belleza grácil, por sus ojos enigmáticos y profundos, por su encanto, por su inteligencia, buena disposición y ánimo. También ellos nos apreciaban y nos fueron leales.

Las dificultades no minaron la moral de los oficiales alemanes, quienes, en general, cumplieron bien su misión. No es exagerado afirmar que el mutuo entendimiento y el respecto entre indios y alemanes dotaron de estabilidad a la Legión a lo largo de toda su existencia, incluso en la dura prueba de la retirada y posterior rendición al final de la guerra.

Desde sus inicios, un aspecto singular de la Legión India fue que, a pesar de ser una unidad de la *Wehrmacht*, no fue concebida para «reforzar en combate» al ejército alemán. Sus fines iban a ser más políticos que militares, y su implicación en los diferentes operativos diseñados por el Alto Mando alemán quedó determinada por esa peculiaridad esencial.

De hecho, fue en el «frente de la propaganda», por así decirlo, donde la Legión tuvo mayor actividad. Y en este ámbito no fue decisiva la influencia militar de las unidades indias, sino el éxito de integrar en una unidad compacta y armónica la mayor cantidad

posible de prisioneros de guerra. La lucha de los indios en el seno de la *Wehrmacht* aspiraba a lograr la independencia de su patria asiática, aglutinados en torno a la figura de un líder carismático, Bose. Compartían con los alemanes un mismo enemigo: Gran Bretaña.

Pero combatir vistiendo el uniforme alemán provocó ciertos problemas, especialmente a la hora de obedecer a la

Aunque parte del denominado Ejército Nacional de la India, los voluntarios indios usaron uniformes de la *Wehrmacht* y cartillas militares alemanas.

autoridad. Dicho de otro modo, ¿se debía obedecer a Bose o a los oficiales alemanes? La ambivalencia de la autoridad se manifestó desde los inicios del reclutamiento de los miembros de la Legión. Por un lado, era necesario –y obvio– que los soldados indios llevaran uniforme de la *Wehrmacht* y usaran también cartillas militares alemanas (*Soldbuch*), algo esencial para dotarles de identidad en el campo de batalla y para ampararles con el código militar germano. Pero, por otra parte, los voluntarios indios eran parte del denominado Ejército Nacional de la India Libre (INA), bajo la dirección de Chandra Bose. Este detalle quedaba de manifiesto a la hora de prestar fidelidad como soldados, pues lo realizaron en nombre de ambos líderes: leyendo primero la fórmula de juramento en alemán y a continuación en hindi.

EL BATALLÓN INDIO ITALIANO: UN EXPERIMENTO FALLIDO

Es interesante establecer un paralelismo entre germanos e italianos. Aunque ambas fuerzas del Eje habían llegado a una especie de acuerdo consistente en que los primeros se centraran en voluntarios indios y los segundos en árabes, los transalpinos también intentaron organizar una unidad militar formada por voluntarios indios. Entre septiembre de 1941 y enero de 1942, los italianos organizaron tres centros de entrenamiento para los cientos de prisioneros árabes, indios y tunecinos capturados en el norte de África. De hecho, en el denominado *Centro A* se reunió a los árabes, en el *Centro I* a los prisioneros indios y en el *Centro T* a los tunecinos. Pocos meses después, en abril y mayo de 1942 ya se pudo crear un batallón con soldados indios, el *Battaglione Azad Hindoustan*, formado por ex prisioneros indios y un puñado de refugiados políticos, todos ellos reclutados en el *Centro I*, con sede en el n.º 6 de la vía Casilina, en Roma. Inicialmente, este centro fue constituido como un campo de prisioneros, hasta que el 15 de julio de 1942, con la unidad de soldados indios ya creada, se constituyó como campamento militar.

El batallón –en realidad su entidad era la de una compañía– estaba integrado por 193 voluntarios el 31 de agosto de 1942, perteneciendo al *Ragruppamento Frecce Rosse* (Agrupación Flechas Rojas). Cuatro oficiales italianos y 11 suboficiales se distribuían en las tres secciones de la unidad. Por su parte, los soldados indios recibieron instrucción básica como soldados de infantería, siendo seleccionados 44 de ellos para ingresar a mediados de septiembre de 1942 en la escuela paracaidista de Tarquinia, al mando del teniente Danilo Pastorboni. Otros voluntarios que también destacaron durante su entrenamiento inicial fueron enviados al norte de África para colaborar con personal italiano en tareas de inteligencia.

La intención de los italianos era emplear el batallón indio como fuerza que se infiltrara tras las líneas enemigas, cometido para el que estaba especialmente entrenada la cincuentena de voluntarios paracaidistas. En septiembre de 1942 se logró disponer de 266 soldados, repartidos en una sección paracaidista, una de ametralladoras y una de fusileros. La presencia de italianos en el batallón indio fue significativa, contando con 21 oficiales, 12 suboficiales y 34 soldados transalpinos junto a los voluntarios asiáticos.

El activista indio Iqbal Shedai junto a oficiales italianos.

Durante los últimos días de octubre de 1942, el batallón participó en maniobras cerca de Tívoli. Hasta allí se acercó a visitar a sus hombres Chandra Bose el 7 de noviembre. Pero el experimento no les salió bien a los italianos y abandonaron rápidamente el proyecto, básicamente porque los indios se amotinaron el 10 de noviembre, una semana después de la derrota de las fuerzas del Eje en El Alamein. El batallón apenas había participado en escaramuzas y alguna acción defensiva menor frente al VII Ejército Británico. Controlada la rebelión, la unidad fue disuelta, los voluntarios desarmados y devueltos a campos de prisioneros en Italia o Alemania. Muchos de los que fueron trasladados al país germano ingresaron en las filas de la Legión India. No es exagerado afirmar que los alemanes demostraron tener más tacto con los voluntarios asiáticos. Sin lugar a duda, la presencia de Bose en Alemania jugó un importante rol en esta gestión.

También surgieron ciertas tensiones a la hora de promocionar en el empleo a soldados indios. Ya el 1 de octubre de 1942, fue ascendido a suboficial al primer voluntario de la Legión.

Los suboficiales alemanes encargados del adiestramiento de los legionarios no vieron con agrado tener que compartir graduación con los «bimbos», nombre peyorativo con el que motejaban a los indios.

El racismo expandido por la propaganda nacionalsocialista alemana mostraba en este aspecto una más que contraproducente influencia, actitud que mostraron sin pudor oficiales alemanes, negándose a aceptar que sus camaradas indios tuvieran sus mismos rangos y empleos. Esto sucedió especialmente en la 11.ª compañía, donde los oficiales germanos encabezaron sin tacto y con cierto despotismo una dura campaña contra sus compañeros de armas asiáticos[1].

Voluntarios indios junto a carristas y marinos alemanes. La presencia de asiáticos siempre fue vista como un elemento exótico por los germanos

Los ascensos querían ahondar en el concepto propagandístico de la Legión como un ejército oficial de la India Libre; en ningún caso manifestaban el deseo germano de compartir tareas y responsabilidades con sus homólogos indios. A finales de julio de 1943, los primeros legionarios recibieron el empleo de sargento, y en marzo de 1943, ante la presión ejercida previamente por Bose, fueron ascendidos a oficiales los primeros suboficiales. Durante la estancia de la Legión en Lacanau (Francia), el 1 de octubre del mismo año, 14 voluntarios indios se transformaron en alféreces (dos más también lo fueron días más tarde). Asimismo, dos médicos indios fueron nombrados oficiales sanitarios. Esta «indianización» de la Legión, o lo que es lo mismo, el proceso gradual de reemplazo de alemanes por indios (oficiales

de baja graduación y con cometidos administrativos), concluyó con el comienzo de la retirada de Francia en el verano de 1944.

Oficial indios entre alemanes. Los instructores alemanes no vieron con agrado compartir rangos y empleos con sus compañeros de armas asiáticos.

1.- Tal y como atestigua Leopold Fischer (1923-1991), joven austriaco que, habiendo estudiado hindi y sánscrito en Viena, formó parte de la Legión. Posteriormente se convirtió al hinduismo y vivió como un monje, cambiando su nombre por el de Agehananda Bharati. Cf. Bharati, Swami Agehananda, *The Ochre Rob*e, George Allen & Unwin, London, 1961, pp. 56 y 60.

Soldados indios junto a la bandera de su unidad, el 950.º Regimiento de Infantería (Indio).

PLANES FRUSTRADOS PARA LA LEGIÓN

Soldados alemanes en las cercanías del campo de entrenamiento de Regenwurm (*Regenwurmlager*).

La Legión fue organizada basándose en un objetivo, a saber, su participación directa en un ataque a las posesiones británicas de la India. Esta intención dejaba claro que el camino hacia Asia pasaba por la URSS y Chandra Bose siempre supuso que los soviéticos permitirían y apoyarían el paso de los voluntarios indios por territorio ruso. El ataque germano a la URSS en junio de 1941, no obstante, frustró totalmente la esperanza del líder independentista indio, antes incluso de que la Legión estuviera formada. Confiando en un avance rápido por territorio ruso, el mismo Hitler había contemplado un avance hacia la India pasando por Afganistán, pero el fracaso de la guerra relámpago alemana en la URSS convirtió este plan en agua de borrajas.

Así las cosas, Bose sugirió que sus voluntarios indios pelearan, mano con mano, junto al Afrika Korps, dirigiéndose hacia la India a través, primero de Egipto y después de Irán.

En 1940, el Alto Mando alemán había considerado la posibilidad de acciones de comando en la frontera india. Bose urgió a que ese plan se convirtiera en realidad. En abril de 1941, el oficial de inteligencia Walter Harbich recibió la orden de reunirse con el líder indio y conocer de primera mano sus demandas políticas, religiosas y geográficas, a fin de canalizar mejor la participación de soldados indios en operaciones especiales junto a los germanos. Los diferentes encuentros entre el oficial alemán y Bose cristalizaron en enero de 1942, fecha en la que Harbich recibió la orden de comenzar con el entrenamiento de voluntarios indios en el campamento Regenwurm, junto a Meseritz, en las cercanías de Fráncfort del Oder. La unidad recibió el nombre en clave de *Sonderverband Bajadere* (Unidad Especial Bajadere) y fue visitada por Bose el 28 y 29 de septiembre de ese mismo año. Harbich puso especial atención no solo en la experiencia militar previa y destrezas en combate de los voluntarios, sino también en su conocimiento de idiomas. Incluso el haber pasado temporadas en otros países fue tenido en cuenta. El campamento disponía de una bien dotada biblioteca, con libros sobre geografía, historia y cultura indias, cubriendo así todos los detalles para que los comandos operaran con eficacia en operaciones sobre la India británica.

Regenwurmlager

A juicio de Harbich, los voluntarios se aplicaron con interés y aprovecharon bien su adiestramiento. Sus bases eran inmejorables al haber servido previamente en las filas del ejército británico. Todos los oficiales y suboficiales conservaron el mismo empleo que habían tenido durante esa etapa de su vida militar. De hecho, en el campo de Regenwurm se formaron tres oficiales, entre ellos dos médicos, y un buen número de suboficiales. Primeramente, todos los voluntarios fueron distribuidos en secciones en función de su religión, pero una vez que intervino Bose en este asunto, se reorganizaron las secciones superando las barreras religiosas.

Los cerca de 100 voluntarios indios en Regenwurm quedaron adscritos como una unidad de entrenamiento al *Lehrregiment zbV 800 Brandenburg*, cuerpo, por excelencia, responsable de las operaciones especiales (hoy diríamos encubiertas) de la inteligencia

Arriba. Medalla «Martir por la patria» (Shahid-e-Bharat) con espadas, con la inscripción Azad Hind, una cabeza de tigre y una flor de lis. La condecoración premiaba el valor el combate.

Centro. Las instalaciones del campo de Regenwurm acogieron a 100 soldados indios entrenados en operaciones especiales.

Arriba. Encuentro entre Himmler y Bose en enero de 1943.

Página anterior. Los voluntarios de la Legión juraban fidelidad a Hitler y Bose, leyendo primero la fórmula de juramento en alemán y a continuación en hindi.

militar alemana (*Abwehr*). Los indios fueron adiestrados como zapadores y paracaidistas, recibiendo también entrenamiento para el combate en montaña, algo que tuvo lugar en la localidad austriaca de Ebensee. En septiembre de 1942, bajo el impulso del Centro India Libre se creó una unidad de transmisiones a las órdenes de un tal capitán Ruperti.

En septiembre de 1942 se diseñó la Operación «Bajadere», contemplando el lanzamiento paracaidista y la infiltración de los comandos indios en la India a través de Beluchistán (región situada en las actuales Irán, India y Pakistán). Realizar acciones de sabotaje para anticipar y preparar la revuelta nacional prevista por Bose sería su principal cometido. Documentos hallados durante la posguerra en la embajada alemana de Kabul (Afganistán) y que aparentemente muestran información transmitida por el jefe del espionaje alemán en aquel país, el teniente Dietrich Witzel, al cuartel general del Abwehr en Berlín, indican que los comandos completaron con éxito las misiones asignadas. No obstante, algunos historiadores ponen en cuestión que la operación se ejecutara, dada su complicación logística y la ausencia de documentación fiable al respecto.

En Berlín, primero, y después en Rösrath, cerca de Colonia, voluntarios indios aprendieron a usar los equipos de radiocomunicación alemanes, así como a recibir y transmitir en código morse. Después del fin del adiestramiento, en diciembre de 1942, Harbich

Arriba y abajo. Kurt Krappe y Chandra Bose presiden un desfile de voluntarios de la Legión. El oficial alemán se ganó el aprecó de los soldados indios.

Página siguiente. Los primeros voluntarios indios desfilan ante Bose.

entregó el mando a un oficial de estado mayor del Alto Mando de la *Wehrmacht* y los comandos indios fueron transferidos a Königsbrück, junto al resto de la Legión India.

Cuando en el verano de 1942 el Grupo de Ejércitos A avanzó hacia la zona montañosa al sur del Cáucaso, Hitler resucitó la idea de proseguir hasta la India. Ya a principios de 1941, el Alto Mando de la *Wehrmacht* quiso enviar a Grecia a la Legión de voluntarios indios. Allí, en ese momento, el general Hellmuth Felmy estaba organizando su cuerpo de operaciones especiales pensando en un futuro avance por el Cáucaso.

Arriba y abajo. Fotografías de uno de los actos oficiales auspiciados en Berlín por el Centro India Libre.

Hellmuth Felmy (1885-1965). Fue responsable del *Sonderverband 287* durante la ofensiva en la Transcaucasia. Se barajó que la minúscula unidad de operaciones especiales india reforzase el Sonderstab Felmy, también denominado *Generalkomando z.b.V (G.Kdo.z.b.V)*.

Soldado sij con uniforme alemán. Es visible el parche regimental, con el tigre y la bandera del Congreso Nacional Indio.

En su diseño serían implicados no solo los indios, sino también los árabes al servicio de la *Wehrmacht*. Bose obstaculizó este traslado al Mediterráneo, temiendo que sus hombres fuesen utilizados como carne de cañón por los germanos.

Así las cosas, la Legión siguió varada en Alemania, dedicándose a labores de instrucción, aportando todo su exotismo en las fotografías que de sus voluntarios publicaba la prensa propagandística germana.

El regreso de Chandra Bose al sudeste asiático en febrero de 1943 dejó huérfana, en cierto modo, a la Legión. Sin su icónico líder, la añorada y ansiada India libre quedó aún más en el aire. Para muchos voluntarios esta noticia fue un duro golpe, y las reacciones no se hicieron esperar. Así, el 6 de marzo, 50 voluntarios de la 8.ª Compañía iniciaron una huelga de hambre, rechazando los paquetes que les llegaban a través de la Cruz Roja. De igual modo, el día 8 fueron arrestados 16 soldados de la 9.ª Compañía (en la 10.ª también hubo problemas). Los alemanes temieron que estas acciones se generalizaran y que la disciplina desapareciera, con lo que pidieron al Alto Mando la adopción de medidas especiales que no desmoralizaran a los voluntarios. Los desobedientes, como se ha indicado, deberían haber sido castigados físicamente, siendo internados posteriormente en un campo de concentración. Pero, al contrario, en lugar de aplicar estas medidas, se formó en verano de 1943 un destacamento «especial», a modo de compañía de castigo.

En 1943 se tomó otra decisión importante, alejando una vez más a la Legión de aquello para lo que fue concebida: combatir a los británicos en la India. Ese año la unidad fue trasladada a los Países Bajos, junto al Mar del Norte, siendo destinada a labores de protección de la costa en previsión de una hipotética invasión aliada, encuadrada en la 6.ª División de la *Luftwaffe*. También en esta circunstancia se dieron situaciones de desobediencia y amotinamiento, sobre todo cuando una importante cantidad de legionarios, especialmente de la 3.ª Compañía, se negaron a preparar su traslado. Se sentían engañados y decepcionados al comprobar que los alemanes no estaban cumpliendo su parte del trato.

Los indios se habían enrolado para combatir en India o en el teatro de operaciones de Extremo Oriente y su traslado al norte de Europa nada tenía que ver con lo prometido. Sin Bose en Alemania, los responsables del Centro India Libre se vieron muy limitados para poder influir en los soldados que se rebelaban contra las disposiciones germanas, y eso que el 19 de abril se trasladaron al campamento de Königsbrück para hablar con los suboficiales indios. No sirvió de nada, porque lejos de calmar los ánimos, el descontento se extendió a otras compañías. El comandante del campo redactó un duro informe, calificando los hechos de serios altercados militares, pero los oficiales alemanes se abstuvieron de emplear las armas contra los rebeldes, con quienes tenían una buena relación, convencidos de que el conflicto era debido a un «malentendido lingüístico».

En todo caso, los alemanes decidieron cortar sin más preámbulos con los actos de indisciplina, organizando un consejo de guerra en Dresde (Consejo de Guerra n.º 404). En él, 45 legionarios fueron condenados a penas de entre tres meses hasta seis años de prisión. Mohammed Ayub y Taleb Mehdi, considerados responsables de la protesta, recibieron la mayor condena: seis años de privación de libertad, pérdida del rango y expulsión del ejército. Evidentemente, la situación especial de los voluntarios indios en la *Wehrmacht* evitó que los máximos responsables fueran condenados a la pena capital.

No obstante, tanto Mohammed Ayub como Taleb Mehdi murieron en prisión. El primero el 22 de junio de 1944 y el segundo el 7 de agosto del mismo año. Ambos fueron enterrados en el cementerio de la prisión civil de Coswig (en el estado de Sajonia-Anhalt), donde, desposeídos de su estatus militar, cumplían su pena. Los dos habían nacido en 1918 en Pira Ghaib, enrolándose en la Legión el 17 de septiembre de 1942, algo que nos hace concluir que eran amigos.

Otros dos acusados en el mismo proceso, Gullam Hussein y Siricand Ram, fueron ingresados en el hospital militar de Dresde a causa de una enfermedad, en junio de 1943, semanas después del

Cárcel de Coswig, donde fueron internados varios soldados indios.

La variopinta uniformidad fue una constante entre los componentes de la Legión India, algo obvio en esta foto tomada, probablemente durante la estancia de la unidad en Países Bajos.

proceso. Hussein regresó al centro de detención 10 días después, pero Ram murió al día siguiente de su ingreso. Por lo que respecta a Chote Singh, otro de los condenados, fue trasladado del campo de prisioneros de Torgau al hospital militar de la misma localidad en noviembre de 1943.

Dos meses más tarde, en enero de 1944, regresó «útil para el servicio» al campo de prisioneros. Es más que probable que el resto de los condenados a penas importantes cumplieran su sentencia en la ya citada compañía de castigo (*Sonderkompanie*) que desde el verano de 1943 se situó en Naundorf, cerca de Ortrand. Por lo que respecta a los que solo recibieron una condena de tres a cinco meses, pudieron permanecer en la Legión. En este último caso, en abril de 1944 todos ya habían recuperado su libertad.

Emblema y bandera de la Legión India usada como motivo propagandístico en un sello diseñado en Alemania.

Pero esto no bastó para terminar con las protestas. Solo con paciencia y con un intenso trabajo de convencimiento consiguieron los alemanes recuperar el orden y la disciplina. Los alemanes dejaron claro a los representantes de los soldados indios que su actitud estaba haciendo un flaco favor a la liberación de la India. Tras ello, una tras otra, todas las compañías declararon su lealtad al coronel Krappe. A partir de entonces, el traslado a tierras holandesas se realizó sin mayores dificultades.

Así las cosas, el 30 de abril, el I y II batallones indios se instalaron en el campamento belga de Beverloo, en la región de Flandes, a unos 70 km al sudeste de Amberes. Después, en mayo, el I Batallón se situó en una zona que comprendía desde el puerto de Ijmuiden hasta Haarlem, junto a Zandvoort, a 25 km al oeste de Ámsterdam, hasta que fue relevado en agosto por hombres de la Legión Georgiana. El II Batallón fue destinado a la isla de Texel, la mayor de las Islas Frisias, donde permaneció hasta septiembre del mismo año. Por lo que respecta al III Batallón, de reciente formación, quedó acantonado en Oldebroek como unidad de reserva, también hasta finales de septiembre.

Tan solo unos pocos voluntarios indios no partieron hacia los Países Bajos, ya que un reducido destacamento fue destinado a Croacia, integrándose en la 13.ª División SS «Hanschar», formada por soldados musulmanes de Bosnia-Herzegovina, con el fin de colaborar en el combate contra los partisanos yugoslavos de Tito.

Arriba. Soldados alemanes de infantería y voluntarios indios durante la estancia de éstos en Países Bajos.

Abajo, izquierda. Legionarios indios durante su servicio en Países Bajos.

Abajo, derecha. Los legionarios, decepcionados, fueron conscientes de su nula importancia al ser destinados a Países Bajos. No es de extrañar que algunos contactaran con la resistencia neerlandesa.

Durante su servicio en Países Bajos, no surgieron nuevos problemas disciplinarios. Los indios siguieron con su adiestramiento, trabajando su eficacia en combate y haciendo hincapié, también, en el sentido de pertenencia, en la toma de conciencia de que estaban cumpliendo una misión. Estos últimos aspectos más morales siguieron siendo importantes para los oficiales alemanes. Eliminar la influencia de la gente más crítica fue todo un acierto en este sentido. No obstante, esto no impidió que algunos voluntarios contactaran con resistentes neerlandeses y les confesaran que, en caso de invasión aliada, colaborarían con ellos a la hora de expulsar a los germanos del suelo holandés.

La Legión India en Francia

Arriba. Servidor de ametralladora MG34 en un empla-
zamiento de una posición
defensiva francesa. Sin
dudas la foto más conocida
de la Legión India.

Abajo. Vista aérea de Cap
Ferret, Lacanau y Montalivet (de izquierda a dere-
cha), lugares donde se
acuarteló la Legión India.

El clima de los Países Bajos hizo mella en los soldados indios, provocando no solo enfermedades respiratorias,
sino también depresiones. No obstante, todo indica que
descubrir que los voluntarios asiáticos habían contactado con la
resistencia neerlandesa fue lo que realmente convenció a los alemanes del necesario traslado de los legionarios a otro escenario, de
paso con mejores condiciones climatológicas. El Alto Mando alemán y el Centro India Libre tuvieron en cuenta varias considera-
ciones a la hora de elegir un nuevo emplazamiento para la unidad,
como, por ejemplo, no utilizarla en misiones que solo sirvieran a
los intereses alemanes ni situarla en teatros de operaciones donde
pudiese ser fácilmente diezmada a través de ataques aéreos.

Arriba. Legionarios indios en un puesto de observación de la Muralla del Atlántico.

Abajo. El general Hermann Meyer-Raginben (1887-1961).

A tal efecto se eligió una parte de la inmensa costa atlántica francesa, al sur del estuario de Gironda, en las cercanías de Burdeos. Así, acuartelados en los alrededores de Lacanau desde septiembre de 1943, los legionarios se dedicaron de nuevo a vigilar y proteger la costa. En ese momento, la Legión tenía ya entidad de regimiento y a los dos batallones previamente desplegados en los Países Bajos se les había unido el III Batallón, recientemente formado en Alemania y, como hemos visto anteriormente, con escaso protagonismo en tierras holandesas.

Con esta nueva misión, los legionarios indios quedaban a las órdenes del Comando del Ejército Oeste (*Oberbefehlhaber West*), custodiando una línea de costa (densamente poblada con bosques de pinos) de 60 km, al oeste de Burdeos. La zona asignada a los voluntarios limitaba al norte con el estuario del Gironda y al sur con la bahía de Archachon, en pleno Golfo de Vizcaya, entre Montalivet y Lège (la actual Lège-Cap-Ferret). El puesto de mando regimental se situó en Lacanau, localidad de también albergó al II Batallón. Más al norte, en Lac de Carcans, se estacionó el I Batallón y al sur, en Lège, lo hizo el III Batallón. La Legión se integró en la *159.ª Infanterie Reserve Division*, unidad a las órdenes de general Hermann Meyer-Raginben.

La principal misión de los indios fue vigilar la línea de costa en las posiciones previamente ocupadas por otras unidades de la *Wehrmacht*. Cada «nido de resistencia» –término con el que los germanos denominaban a estas fortificaciones costeras– estaba atendido por uno o dos pelotones a las órdenes de un sargento alemán. Los integrantes de la Legión fueron adiestrados en el uso de lanzallamas y reflectores, entrenándose también en la atención a las baterías costeras. Pero además de esta labor, los voluntarios indios construyeron nuevos «nidos», fortificaciones enmarcadas en el ambicioso plan germano para edificar la denominada Muralla Atlántica en la costa francesa. En este cometido fueron ayudados, todo sea dicho, por prisioneros de guerra capturados en el norte de África. Los indios demostraron ser unos formidables trabajadores, recibiendo elogios del mismísimo mariscal Rommel cuando les visitó e inspeccionó sus posiciones en

BHAIBAND, LA REVISTA DE LA LEGIÓN INDIA

El semanario *Bhaiband* fue todo un éxito propagandístico. Fue editado en Burdeos por el sacerdote benedictino y especialista orientalista alemán Ernst Bannerth, ayudado por tres colegas indios. Posteriormente, Paul Thieme, Kurth Hoffmann y Eugen Rose se hicieron cargo de esta labor editorial. Escrito en urdu y con alfabeto devanagari, el semanario estaba profusamente ilustrado. *Bhaiband* vio cerca de 200 números, sufriendo diferentes interrupciones antes de que se publicara el último número en la localidad de Volkertshausen, cerca de la frontera con Suiza. Fue calificado como el «pasquín del siglo» por sus editores.

POR SU PATRIA

LA LEGION "INDIA LIBRE"

Desde hace más de 150 años los indios sólo tienen un enemigo: Inglaterra. Continuamente se han registrado en su país sangrientos levantamentos por la liberación. Gandhi intentó más tarde obtener la independencia de la India por el nuevo y desacostumbrado procedimiento de la resistencia pasiva. Subhas Chandra Bose, que conoce la política británica en la India también, como los métodos carcelarios ingleses, continúa ahora la vieja lucha desde el exterior empuñando las armas. Actualmente se halla al mando del ejército nacional indio modernamente equipado que lucha bajo la dirección del Japón y que llegará a alcanzar un contingente de 300.000 hombres. Igual que sus hermanos del Asia Oriental los indios que residen en Europa se han unido a la lucha por su independencia en la legión "India libre". Y hasta muchos compatriotas que primitivamente habían sido presionados por los ingleses para el servicio de las armas en "la lucha por la libertad", se han unido a ellos luchando actualmente contra su verdadero enemigo.

Llamada a las armas. Soldados de la legión "India libre" en su servicio diario de vigilancia en la costa del Canal. LosSikhs, secta monoteísta de la India, llevan el turbante con el uniforme alemán

febrero de 1944. Y aunque el principal objetivo de la Legión fue la vigilancia de costa, los voluntarios también asumieron tareas de control de carreteras y caminos de los alrededores de Lacanau. Asimismo, se encargaron de la búsqueda y captura de aquellos civiles reclamados por los alemanes para trabajar en la organización Todt.

A diferencia de sus estancias en Annaburg y en Países Bajos, donde las relaciones con mujeres locales no se hicieron esperar, en Francia los indios no tuvieron tanta suerte en el amor. Dado el peso colonial francés, los civiles galos conocían de sobra otras razas antes de que los voluntarios indios llegaran en masa a los alrededores de Burdeos. Poco amigos de estrechar lazos, su costumbre, por el contrario, fue mantener las distancias, tal y como también habían hecho con sus tropas coloniales marroquíes o senegalesas antes de la invasión alemana. Esto no ocurrió en Alemania o en Países Bajos donde los soldados indios fueron vistos como hombres de gran exotismo que despertaron una fuerte atracción en muchas mujeres. Así las cosas, en Aquitania, los jefes de la Legión decidieron establecer un burdel con prostitutas francesas para los soldados asiáticos, al que bautizaron *Phulvari* (Jardín de Flores).

Soldado indio comprobando la identidad de un civil francés. Una de las misiones de la Legión fue la de controlar caminos y carreteras en los alrededores de Lacanau.

En otro orden de cosas, los voluntarios indios contaron en

Francia con una publicación, el semanario «*Bhaiband*». También desde Lacanau comenzaron las emisiones de radio hacia mayo-junio de 1944. Poco duró esta actividad, porque las instalaciones que servían a tal efecto fueron voladas el 14 de agosto, al inicio de la retirada alemana en la zona. Durante la breve historia de la emisora fueron muy populares los programas musicales, así como emisiones que se grababan desde París. Los alemanes controlaban todos los programas y los indios solo ejercían de presentadores.

Equipo de hockey de la Legión India. Los soldados indios destacaron notablemente en este deporte.

Eso sí, en cuestiones deportivas los indios demostraron ser imbatibles. Ganaron todos los partidos de hockey que disputaron con los alemanes. De hecho, la final del campeonato que jugaron con sus compañeros de armas germanos se celebró en París, y fue seguida con notable interés no solo por los civiles, sino también por los responsables del Centro India Libre de Berlín, quienes por última vez antes del final de la guerra no dudaron en enviar representantes al encuentro deportivo.

Ciertamente, los voluntarios indios no lo pasaron mal durante su estancia en Francia. Sin perjuicio del distanciamiento al que hemos aludido, las relaciones con la población civil no fueron complicadas; al contrario: la ausencia de fricciones y la buena voluntad por ambas partes caracterizaron las relaciones entre soldados indios y civiles franceses. Y aunque pueda parecer exagerado, tampoco existía una especial animosidad gala hacia los alemanes… De hecho, los simpatizantes de la Resistencia eran de sobra conocidos por los jefes de la Legión[1]. La situación, evidentemente, cambió con la invasión aliada de junio de 1944. Pero hasta entonces, y del mismo modo que ocurrió en

Dos soldados sijs posan junto a un camarada alemán en su puesto de combate en una playa francesa.

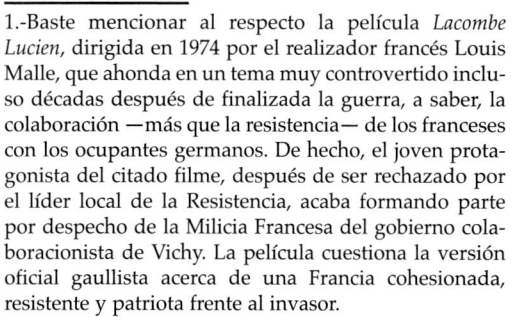

1.-Baste mencionar al respecto la película *Lacombe Lucien*, dirigida en 1974 por el realizador francés Louis Malle, que ahonda en un tema muy controvertido incluso décadas después de finalizada la guerra, a saber, la colaboración —más que la resistencia— de los franceses con los ocupantes germanos. De hecho, el joven protagonista del citado filme, después de ser rechazado por el líder local de la Resistencia, acaba formando parte por despecho de la Milicia Francesa del gobierno colaboracionista de Vichy. La película cuestiona la versión oficial gaullista acerca de una Francia cohesionada, resistente y patriota frente al invasor.

Rusia con los integrantes de la División Azul española, alemanes e indios fueron alojados por civiles franceses, que también realizaban trabajos (de limpieza, por ejemplo) en las instalaciones ocupadas por la Legión.

Aun así, no hay que olvidar que los indios no estaban en Francia de vacaciones. Hay constancia de que al menos en dos ocasiones los legionarios combatieron con resistentes. Así, durante los primeros días de julio de 1944, el II Batallón fue trasladado a Casteljaloux, al sudeste de Burdeos. El despliegue de los soldados asiáticos en los alrededores de la cercana Mont-de-Marsan –ciudad con notable presencia de maquis franceses– se realizó sin mayores contratiempos, básicamente porque los miembros de la Resistencia pudieron conocer con antelación la llegada de los efectivos germanos. En ausencia de enfrentamientos, algunos voluntarios se entregaron a la búsqueda de «botín de guerra». El otro enfrentamiento importante entre legionarios y resistentes franceses tuvo lugar en el Médoc, en las cercanías del bosque de Hourtin. En esta ocasión sí que hubo bajas en ambos lados. De hecho, antes de ser trasladados a Burdeos, los prisioneros franceses tuvieron que cavar varias fosas comunes para enterrar a sus camaradas caídos.

Un tirador de ametralladora y su observador fotografiados en un tobruk de un nido de resistencia alemán en las playas cercanas a Burdeos. Junto con la de la pág. 39, estas icónicas fotos forman parte del mismo reportaje.

En otro orden de cosas, el porcentaje de prisioneros indios en manos germanas que decidió unirse a la Legión durante su permanencia en Francia fue de entre el 20 y el 50 por ciento, cantidad nada desdeñable. De hecho, alrededor de 500 prisioneros indios fueron trasladados a los alrededores de Lacanau con el fin de que fueran «convertidos a la nueva causa» por sus compatriotas legionarios. Fueron puestos bajo mando de un oficial indio, que utilizó métodos más que criticables para quebrar la moral de los que se oponían a abandonar el uniforme británico.

El estatus de los que finalmente optaron por enrolarse en la Legión –antiguos cautivos tanto de los alemanes como de los italianos– fue diferente al de aquellos que habían decidido unirse a la unidad india siendo estudiantes universitarios o aprendices en fábricas durante su residencia en Alemania. La correspondencia de los exprisioneros, por ejemplo, era sujeta a censura en la propia

El general Meyer-Raginben, al frente de la 159ª División de Infantería, en la que se integró la Legión India durante su estancia en Francia.

compañía a la que pertenecían; sus cartas eran abiertas por los intérpretes y normalmente tardaban un mes en ser cursadas a sus destinos, tiempo durante el cual se analizaban en el cuartel general divisionario evitando todas aquellas misivas que pudieran afectar a la reputación o la moral de la unidad.

Aunque Francia fue el lugar donde se acantonó la Legión, las presiones del representante de Bose en Berlín, Nambiar, provocaron que el mando alemán destinara en febrero de 1944 a Italia a unos 200 soldados de la 9.ª Compañía, al mando del comandante Jaswat Singh Bindra. En los alrededores de Pescara, en la región de los Abruzos, permanecieron estos legionarios a las órdenes de la 278.ª División de Infantería, adscritos al 278.º Batallón. Su misión volvió a ser la de siempre: seguridad y vigilancia del territorio, desplegándose cerca del macizo de Majella, en la ruta hacia Chieti. En julio de 1944 se dedicaron a la construcción de posiciones defensivas y a operaciones antipartisanas. Un mes más tarde este contingente tuvo su bautismo de fuego, tomando parte en las acciones defensivas de la línea de retirada alemana en los alrededores de

LAS VENTAJAS DE SER PRISIONERO DE GUERRA

Los voluntarios indios no perdieron su derecho a recibir paquetes de la Cruz Roja británica, conteniendo, entre otras cosas, cigarrillos, chocolate, leche condensada, té, especias, carne enlatada, galletas y fruta en almíbar. Manteniendo su estatus de «prisioneros de guerra» evitaban que los británicos los identificaran y que tomaran represalias contra sus familias. La invasión aliada de junio de 1944 frenó tempo-

ralmente la llegada de estos codiciados bienes. También los libros enviados por la Cruz Roja británica ejercieron un importante papel para mantener la moral de los soldados de la Legión. Así, diccionarios, gramáticas, clásicos hindúes como el Mahabharata y novelas en inglés o en los diferentes idiomas de la India contribuyeron a mantener a los voluntarios afectivamente conectados con la añorada patria.

Rávena, en la costa adriática, y peleando contra los polacos del II Cuerpo dirigido por el general Władysław Anders. Una vez que se produjo la ruptura del frente, los voluntarios indios no dejaron de pelear con los partisanos italianos, combatiendo en Pesaro, Rimini y Pistoya, retirándose hasta el puerto de La Spezia. Su resonancia fue, no obstante, muy débil e insigni-

ficante, aunque el pequeño destacamento no cejó en su labor y todavía permanecía en el frente italiano en marzo de 1945, en las cercanías del lago de Como, al norte de Milán. Los supervivientes se rindieron a los estadounidenses un mes más tarde.

Y sin abandonar Italia, debemos mencionar la curiosa misión de otro pequeño destacamento de la Legión que ya en octubre de 1943 se trasladó al país transalpino para dedicarse a labores de propaganda en el frente. Su misión: captar a soldados indios al servicio de los británicos a través del lanzamiento de panfletos y de mensajes radiofónicos (emitiendo bajo el nombre de «Radio Bhaiband»).

Soldados indios adiestrándose en una playa francesa. Al fondo, los servidores de una pieza anticarro.

Los soldados indios demostraron ser unos trabajadores eficaces, recibiendo elogios del mismísimo mariscal Rommel cuando visitó e inspeccionó sus posiciones el 10 de febrero de 1944.

LA PENOSA RETIRADA DE FRANCIA

La retirada de las tropas indias de Francia en 1944 supuso la entrada en combate por primera vez de estos voluntarios.

Con la invasión aliada de Francia la situación de la Legión India cambió radicalmente. Hasta el 15 de agosto de 1944, fecha en que comenzó su repliegue hacia el este, se mantuvo en sus posiciones. A juicio de Günther Krappe, al mando en aquel momento de la unidad de voluntarios, estos hicieron una «retirada heroica, en perfecto orden, manteniendo su armamento y a costa de muy pocas bajas». Lo que no queda claro es si el cometido de la Legión consistió en proteger la evacuación de las tropas alemanas o si unidades concretas (compañías o batallones) fueron desplegadas para acompañar a unidades germanas cuando se necesitase.

Inevitablemente, sus integrantes tuvieron que enfrentarse con miembros de la Resistencia, aunque parece ser que la intención inicial de los voluntarios indios fue evitar choques con el maquis galo, obedeciendo a una suerte de pacto tácito entre ambas partes mientras la Legión estuviera en Francia. No obstante, carecemos de evidencias que corroboren este hecho. Este es el principal problema a la hora de acometer con precisión el estudio de la retirada de la Legión a partir de agosto de 1944: la ausencia de información certera sobre los combates en los que se vio envuelta hasta que logró salir de suelo francés.

La retirada desde Burdeos hasta Poitiers pudo ser realizada en tren. Solo se combatió en Ruffec, donde, de acuerdo con fuentes indias, los franceses sufrieron cuantiosas bajas en los combates y escaramuzas que se desarrollaron desde el 17 hasta el 24 de agosto. En Poitiers, la misión de los legionarios consistió en proteger calles y puentes en los alrededores de la

ciudad, cometido esencial para garantizar la retirada de las unidades de la *Wehrmacht* sin obstáculos ni contratiempos imprevistos. A partir de Poitiers, las comodidades para los indios terminaron, no quedándoles más remedio que depender para su evacuación de vehículos requisados, carromatos y bicicletas. Las jornadas del 27 y 28 de agosto fueron especialmente difíciles para ellos, hostigados por miembros de la Resistencia. En el trayecto a Châteauroux los indios se vieron envueltos en varias refriegas con los franceses, especialmente en Bonneuil-Matours, La Roche-Posay, Martizay, Vendœuvres y Buzançais. Los combates fueron cruentos y buena prueba de ello es que, durante esos dos días, murieron en las escaramuzas con los voluntarios asiáticos 22 partisanos franceses.

El regreso de Chandra Bose al sudeste asiático en febrero de 1943 dejó huérfana a la Legión. La ausencia de su líder hizo más difícil si cabe su retirada de Francia.

Pero lo peor vino desde el cielo. Y es que, a lo largo de su retirada, los legionarios fueron bombardeados repetidamente por la Fuerza Aérea estadounidense. De hecho, en el trayecto entre Angulema y Potiers cerca de 320 indios resultaron muertos o heridos debido a los ataques aéreos. Con semejantes circunstancias era cada vez más difícil avanzar de día, no quedando otro remedio que hacerlo de noche. Señales cambiadas, mojones con información borrada y carencia de mapas se añadieron a la lista de dificultades que condicionaros la retirada de la Legión India.

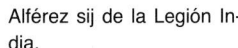

Alférez sij de la Legión India.

En este contexto especialmente complicado, la moral de los soldados indios se vio seriamente afectada, circunstancia que aprovecharon hábilmente los Aliados, lanzando panfletos que invitaban a los legionarios a que desertaran. El pesimismo se incrementó cuando antes de abandonar Poitiers supieron de la liberación de París. Se dieron casos

de legionarios que desertaron y se unieron a los franceses[1]. Y en el mismo orden de cosas, gendarmes y resistentes que habían sido previamente capturados también fueron puestos en libertad por las tropas indias, evitando así complicaciones inútiles…

Arriba. Castillo Bourg L'Archambault, lugar al que fueron llevados los legionarios que desertaron en Ruffec en agosto de 1944.

El caso más llamativo de deserción sucedió durante la estancia en Ruffec, en agosto, cuando un grupo de alemanes y de soldados indios, entre los cuales se encontraban algunos sargentos, decidieron negociar su rendición con los franceses. Liderando la iniciativa se encontraba el médico de la Legión, Dr. Ernst Koch-Grünberg, nacido en 1910 y especialista en medicina tropical con amplia experiencia en Liberia, quien previamente había contactado con la Resistencia a través de un colega francés. A Koch-Grünberg le acompañaron Ernst Bannerth, sacerdote católico, intérprete y editor del semanario *Bhaiband*, Heinrich von Trott zu Solz, oficial del I Batallón, y un soldado alemán del que se desconoce su identidad. Entre los soldados indios se encontraban Hasan Beg, Thakur y Jamil Ahmad –todos ellos ayudantes de Bannerth–, así como los sargentos Ismat Ullah, Indar Bahadur Singh y Jamar Chaudhuri. Se desconoce el número exacto de voluntarios asiáticos que desertaron, pero se estima que

Abajo. Oficial sij de la Legión India con pantalones de montar para oficiales, guerrera M40 y daga de la *Wehrmacht*.

1.- Las cifras disponibles acerca del número de desertores adolecen de imprecisión, llegando a ser contradictorias. Algunas fuentes aducen que solo fueron cuatro los indios que desertaron durante la retirada de Francia; otras afirman que fueron 40, con especial impacto en el III Batallón de la Legión (Vid. Bundesarchiv-Militärarchiv BA-MA: III/92 y Rose, Eugen, *Azad Hind. Ein europäisches Inder-Märchen oder die 1299 Tage der Indischen Legion in Europa.* Wuppertal, Bhaiband Verlag, 1989).

fueron entre 25 y 29 soldados. En cualquier caso, no todos pudieron abandonar a la vez Ruffec. Koch-Grünberg solo disponía de tres vehículos y esto hacía imposible una deserción colectiva. El doctor pudo cruzar las líneas alemanas a partir de las 20:00 h, aduciendo que tenía que desplazarse a atender un accidente de coche.

Después de encontrarse con representantes de la Resistencia en una vieja ermita, los desertores fueron trasladados al castillo-palacio de Bourg L'Archambault y puestos bajo estricta vigilancia. Los alemanes fueron enviados a un campo de prisioneros, pero no se sabe con exactitud qué sucedió con los desertores indios. La información disponible es confusa, pero parece ser que el 21 de septiembre de 1944 fueron trasladados en cuatro camiones. Uno de ellos, sin que sepamos la razón, se paró en una localidad que previamente había sufrido los atropellos, desmanes y pillaje de legionarios indios en retirada. Los desertores indios fueron entregados a miembros de la Resistencia al día siguiente. Llevados a Poitiers fueron ejecutados sin más miramientos por «haber aterrorizado a la población y fusilado a resistentes». El testimonio de un civil francés precisa las circunstancias de este hecho:

Retirada de la Legión India a través de Francia.

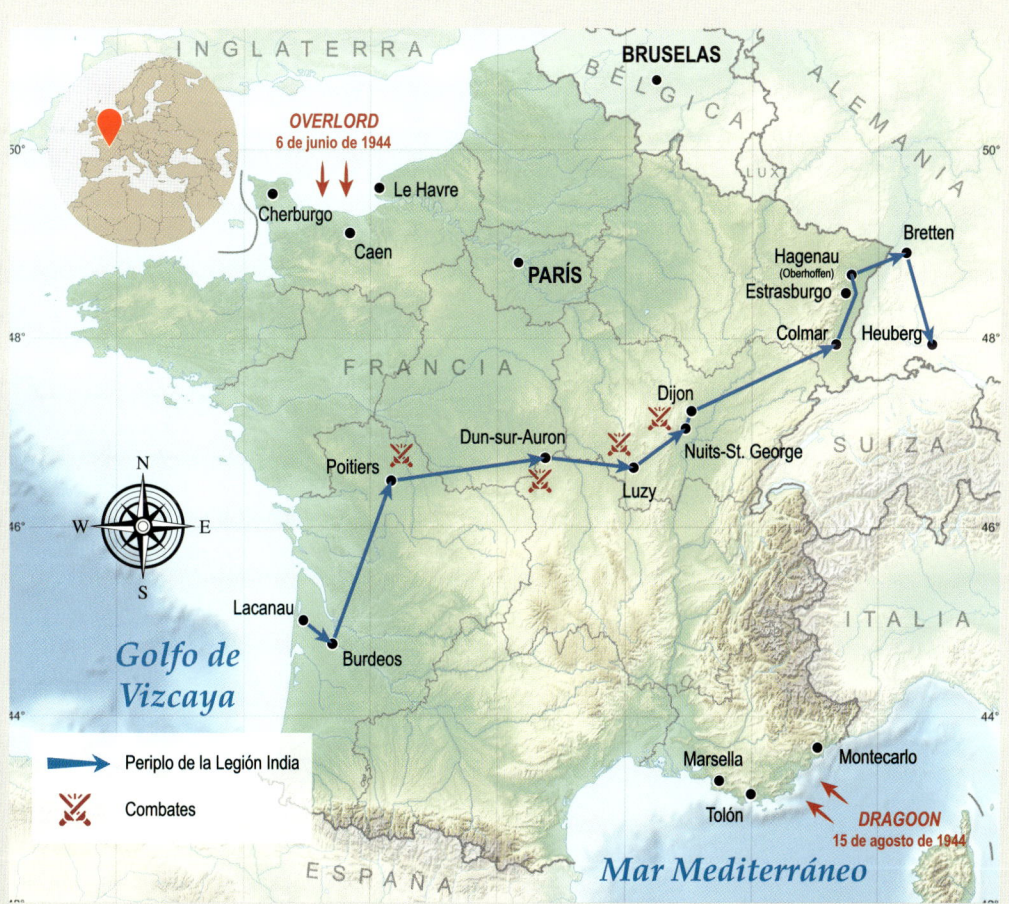

Llegó un camión con unos 20 o 25 indios y paró a unos 50 m del balcón del ayuntamiento. Había mucha gente en la plaza, personas que a esa hora regresaban de trabajo. Todo duró pocos segundos. Un soldado de la FFI [Fuerzas Francesas del Interior] bajó de la cabina del conductor con un subfusil en la mano. Abrió la portezuela de atrás, subió al remolque y disparó a los indios, que cayeron muertos de bruces. El camión quedó agujereado por los impactos de bala. Las reacciones entre los que estábamos allí fueron variadas. Hubo gritos, pero también aplausos. Todo ocurrió en un abrir y cerrar de ojos. Cogieron el camión, lo condujeron hasta la prefectura y desapareció.

Después de los sucesos de Ruffec y Poitiers no hubo deserciones tan significativas, de tal manera que la mayoría de los voluntarios indios siguieron siendo leales a la Legión.

Soldado indio observando el cielo junto a una ametralladora MG34 con afuste y mira antiaérea. La aviación aliada fue una pesadilla para los legionarios en retirada.

Los que permanecieron fieles al compromiso adquirido con los alemanes no siempre se guiaron por un código de honor en su comportamiento individual. Y es que la violación de mujeres francesas fue considerada por ellos también como una suerte de botín de guerra. La información disponible en este sentido es escasa y en ocasiones contradictoria. Sí que están registrados tres casos de voluntarios indios que fueron juzgados en un consejo de guerra, acusados de violación. Al menos uno de ellos fue condenado a morir fusilado el 5 de septiembre de 1944. Queda claro que el mal comportamiento de unos pocos legionarios empañó la reputación de la Legión a los ojos de los civiles franceses, otorgándoles una fama que les acompañó a lo largo de su retirada.

Varios de estos delitos fueron posteriormente investigados por oficiales indios al servicio del Ejército Británico. Como consecuencia de estas indagaciones, se supo en diciembre de 1944, por ejemplo, que en Levet –en el centro de Francia–, durante su retirada, soldados de la Legión habían registrado todas las casas del pueblo, prendiendo fuego a cinco de ellas, y violando a ocho mujeres. Los alemanes no hicieron nada para evitar estos atropellos y fechorías. Tres semanas más tarde, miembros de la Resistencia capturaron a un soldado indio y le fusilaron como represalia y resarcimiento. En este sentido, el periódico francés *Le Figaro* informó en su número del 29 de septiembre de 1944 que los soldados de la Legión India habían organizado una «orgía de muerte, incendios y violaciones». Además, un general de brigada alemán que se rindió a los estadounidenses el 16 de septiembre de 1944, declaró que la Legión India actuó descontroladamente durante su retirada por Francia. El oficial germano relató que quiso entregar ocho millones de francos a un prefecto (nombre con el que se designa en Francia al alcalde de una capital) como compensación por todos los daños causados por los descontrolados voluntarios indios. El Centro India Libre reaccionó a la publicación de *Le Figaro*, emitiendo un programa de radio y una rueda de prensa en la que se leyó el informe de tres voluntarios indios con un comportamiento heroico y digno de alabanza.

Obersturmführer Rolf Schackert, oficial del Estado Mayor de la Legión India de la *Waffen SS*.

Pero siguiendo con el relato de la retirada de Francia de las unidades indias, una vez alcanzado Châteauroux, los legionarios destruyeron todas las imprentas empleadas por la Resistencia en esta ciudad. No se pudo hacer lo mismo con los talleres de la importante fábrica de armas Schneider-Creusot, precisamente, y por curioso que parezca, por la firme oposición de los oficiales de mayor rango de la Legión.

El avance proseguía y en Dun-sur-Auron, cerca de Bourges, se vivieron los primeros enfrentamientos serios con la Resistencia, a consecuencia de los cuales murió el alférez indio Alí Khan. Una vez acabada la batalla, se encontraron entre los resistentes capturados 21 indios que habían desertado días antes. No hay que especular demasiado para imaginarse cuál fue el destino final de estos hombres… Los indios reanudaron su avance, cruzando sin mayores dificultades el canal de Berry antes de incendiar Dun-sur-Auron.

Legionarios indios se saludan, Nótese la malla metálica de los cascos, una práctica de camuflaje habitual en Francia después del desembarco aliado.

Más allá de Sancoins, la Legión fue dividida en dos columnas. Una atravesaría Moulins y la otra Decize para converger unidas en Luzy. Desde esta localidad los voluntarios indios prosiguieron hacia Champlitte y Le Prélot, a través de Autun, Beaune y Dijon. Los ataques aéreos aliados y los encuentros armados con los resistentes provocaron de nuevo importantes bajas entre los exhaustos soldados indios. Dos oficiales cayeron por disparos de guerrilleros galos: el teniente Kalu Ram y el capitán Mela Ram. Para colmo de males, alrededor de 100 soldados germanos e indios desertaron. Entre Autun y Beaune, por ejemplo, la Legión perdió alrededor de

INDIOS EN LA WAFFEN SS

No debemos olvidar que al igual que otras unidades de extranjeros en uniforme alemán, los indios pasaron a pertenecer a la *Waffen SS*. Aunque esta nueva asignación había sido firmada el 18 de enero de 1944, la orden definitiva para realizar el cambio de unidad llegó el 8 de agosto. No obstante, no pudo llevarse a cabo, porque a los pocos días comenzó la retirada de la Legión de sus posiciones en Burdeos. Esta circunstancia retrasó el cumplimiento de la directiva, de tal modo que en fecha tan tardía como el 4 de octubre, y mediante publicación en el semanario *Bhaiband*, se anunció oficialmente a los voluntarios indios su nueva situación, efectiva desde el 15 de agosto. La unidad pasó

Heinz Bertling

a llamarse *Indische Freiwilligen Legion der Waffen SS* (Legión de voluntarios indios de la *Waffen SS*).

La noticia provocó –aparte del lógico cambio de uniforme– que más de 300 soldados musulmanes indios rechazaran ingresar en la nueva fuerza de combate. Otro gran grupo se manifestó descontento por no haber sido consultado al respecto. Además, leales como eran a Chandra Bose, deseaban saber si su líder estaba de acuerdo con la nueva medida. Por si fuera poco, elevaron una protesta al conocer que el comandante de la Legión, Krappe, había sido relevado del cargo, siendo sustituido por el *Oberführer* Heinz Bertling (1898-1964). Poco duró en su puesto, sabedor de que no era persona grata para los voluntarios indios, así que aceptó ser relevado del cargo en diciembre.

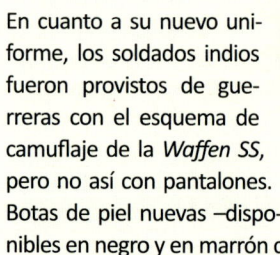

En cuanto a su nuevo uniforme, los soldados indios fueron provistos de guerreras con el esquema de camuflaje de la *Waffen SS*, pero no así con pantalones. Botas de piel nuevas –disponibles en negro y en marrón claro– sustituyeron al antiguo calzado legionario. Los voluntarios asiáticos también dispusieron de nuevos ceñidores, mostrando en sus hebillas la icónica águila en plata de la *Waffen SS*. Lo que más desagradó a los soldados indios fue el tener que utilizar divisas de cuello y uniformes de la *Waffen SS*...

Oficial sij de la Legión India, con guerrera M40, daga, pantalones y botas de montar.

Soldado indio armado con subfusil MP40. Calza unas botas altas con clavos propias del Afrikakorps. Países Bajos, 1943.

Soldado de la Legión India de la *Waffen SS*, armado con un fusil Kar 98 y tres granadas M24. Allgäu (Alemania), 1945.

40 hombres entre muertos, heridos y desaparecidos. Los soldados indios permanecieron en Beaune mientras la avanzadilla de las unidades alemanas se dirigió al norte de esta población francesa. Los legionarios pudieron reagruparse de nuevo en Champlitte, descansando durante unos días, hasta el 10 de septiembre. Fue en esta pequeña localidad donde ejecutaron a un funcionario del servicio postal por persuadir a un soldado indio para que desertara...

Desde Champlitte, los voluntarios indios se dirigieron, vía Jussey, a Plombièrers-les-Bains. Tuvieron suerte, porque a partir de esta última localidad pudieron conseguir vehículos para alcanzar Épinal y aprovisionarse de alimentos, básicamente lo que quedaba disponible de los almacenes de los campos de prisioneros. Pero con los estadounidenses pisándoles los talones, la Legión se vio obligada a continuar con su agónica retirada, tomando la ruta de Remiremont, pueblo que alcanzaron el 13 de septiembre. En esta localidad de la actual Lorena francesa, el Alto Mando Alemán consideró la posibilidad de frenar el avance de los Aliados, plantándoles cara en los Vosgos, puerta de entrada a Alemania. Y así, algunos destacamentos de legionarios fueron empleados en la tarea de cavar trincheras. Realmente esta tarea no sirvió de nada, porque el plan defensivo no pasó de ser una mera quimera concebida en una situación desesperada. Solo quedaba retirarse, huir de la manera más ordenada posible...

La Legión prosiguió su retirada por Alsacia sin apenas vehículos a motor disponibles, solo con carromatos tirados por caballos o bicicletas, en el mejor de los casos, siempre hostigados por la aviación enemiga. Pasando por Gerardmer llegaron a Colmar el 16 de septiembre de 1944, donde solo pernoctaron para reiniciar el camino al día siguiente, dirigiéndose a Estrasburgo y Haguenau para alcanzar posteriormente, a finales del mismo mes, Oberhoffen-sur-Moder. En la relativa seguridad de su campamento militar, los legionarios pudieron descansar, recibiendo ropa de invierno y dedicándose a labores de fortificación y de seguridad.

Arriba. En la relativa calma de un hospital alemán, dos soldados indios posan junto a otros heridos y personal sanitario.

Página siguiente. Impresionante imagen de dos voluntarios indios preparando una ametralladora MG34. El soldado de la derecha calza unas botas cortas para tropas del *Afrikakorps*.

Arriba. Soldado de la Legión India capturado en la frontera suiza en 1945. Su abrigo es el M40, de dotación para tropas de la *Waffen SS*.

Abajo. El movimiento liderado por Bose influyó en la consecución de la independencia en 1947. Así lo demuestra este sello emitido en la India en 1964 homenajeando a Netaji.

EL COLAPSO FINAL Y ECOS DE POSGUERRA

Pero la relativamente pacífica estancia en el campamento de Oberhoffen llegó a su fin cuando llegaron noticias de que los soldados estadounidenses de los 2.º y 7.º ejércitos estaban dirigiéndose hacia Estrasburgo. Todos los legionarios indios recibieron la misión de establecer barreras antitanque antes de abandonar la localidad alsaciana a mediados de noviembre, después de que los norteamericanos hubiesen tomado definitivamente Estrasburgo. Los voluntarios asiáticos cruzaron el Rin de noche por Seltz. En esta operación murió un conductor indio cuando perdió el control de su camión. Por fin, la Legión pisaba terreno alemán después de más de un año y medio de ausencia.

En una penosa marcha de más de dos días los voluntarios alcanzaron Bretten, en las cercanías de Pforzheim. A partir del 29 de noviembre pudieron descansar y recuperarse de la extenuante retirada francesa. Apenas un

El Fuerte Rojo de Delhi (India).

mes más tarde, el 23 de diciembre, comenzó el traslado de los cerca de 2000 supervivientes de la Legión al campamento germano de Heuberg, donde al parecer siete soldados indios murieron de tisis.

Heuberg fue abandonado el 15 de abril de 1945. Los últimos días previos a la rendición se vivieron en un ambiente de desesperación y sin provisiones. Muchos oficiales alemanes e indios huyeron, dejando sin mandos a la tropa. De nada había servido todo el esfuerzo realizado para no ser capturados por los franceses. El último capítulo de la Legión fue escrito por unos 500 soldados indios, que trataron de alcanzar Suiza a la desesperada, bordeando las orillas del lago Constanza. Cayeron en manos francesas y estadounidenses en la región de Allgäu, al suroeste de Baviera, el 30 de abril de 1945. La Legión India, 950.º Regimiento de la *Wehrmacht*, había dejado de existir.

LA LEGIÓN INDIA EN EL CINE Y LA LITERATURA

La única película india que menciona a la Legión es *Dear friend Hitler,* una producción de Bollywood realizada en 2011. El largometraje se centra en las relaciones entre la Alemania nazi y la India, narrando, entre otros hechos, el desesperado intento de los voluntarios indios por alcanzar Suiza al final de la guerra.

Por su parte, el realizador indio Tigmanshu Dhulla también trató el tema del INA (Ejército Nacional Indio) durante la II Guerra Mundial en su película *Raag Desh*, estrenada en 2017.

En lo que a literatura respecta, la periodista y directora de cine alemana Merle Kröger toca el controvertido asunto de la ejecución de los desertores indios en Poitiers en su novela *Cut!*, publicada en 2003.

Parece ser que antes de ser entregados a los británicos, algunos legionarios indios fueron fusilados por soldados marroquíes franceses en Immenstadt, junto al lago Constanza. Los prisioneros de la antigua unidad alemana fueron trasladados por mar a la India, donde un buen número de oficiales fueron encarcelados en el Fuerte Rojo, en Delhi. Allí tuvieron lugar los juicios contra oficiales del INA, pero sus compatriotas no veían con buenos ojos que se juzgara a todo soldado que hubiera colaborado con el enemigo. Habida cuenta de este malestar y en vista de las presiones ejercidas durante la recluta de voluntarios durante su cautiverio en Alemania, los miembros de la Legión fueron tratados con notable indulgencia, de tal modo que la gran mayoría fueron liberados a finales de 1946 y principios de 1947.

La controvertida inclusión de la Legión India en la *Wehrmacht* ha llevado a muchos historiadores a concluir que esta unidad fue

Arriba y abajo. Prisioneros sijs despojados de sus turbantes posan con una mezcla de temor y agotamiento ante sus captores aliados.

Página siguiente, abajo. Guardias de frontera suizos impiden el paso a soldados indios en mayo de 1945. Los últimos días previos a la rendición se vivieron en un ambiente de desesperación.

una mera fuerza mercenaria aliada con el nazismo, en virtud del juramento de fidelidad al *Führer*, combatiendo por él con uniforme alemán en operaciones planificadas por los germanos. El curso de la guerra impidió, a los voluntarios indios seguidores del carismático líder Chandra Bose, cumplir el objetivo principal por el que abrazaron la causa de la

Arriba. Soldados de la Legión India de la *Waffen SS* capturados en la región alemana de Allgäu.

Legión: liberar a la India del dominio británico. Con el fin de la guerra, ni miembros de la Legión ni antiguos soldados del INA (Ejército Nacional de India) formaron parte del ejército indio que se creó tras la independencia en 1947, aunque los condenados por su compromiso con Berlín o Tokio fueron excarcelados antes del fin del dominio británico.

No cabe duda de que, desde el punto de vista militar, los planes de Bose demostraron ser demasiado ambiciosos para su modesta

Soldado indio en uniforme de la *Wehrmacht*. Desde el punto de vista militar, la Legión India fue empleada en escenarios donde no aportó nada relevante.

capacidad. Así, la Legión siempre gravitó en torno a las decisiones del Alto Mando alemán, siendo desplazada a escenarios donde los voluntarios indios no aportaron nada.

A partir de 1947, el gobierno indio intentó no airear la presencia de voluntarios de su país al servicio de las potencias del Eje. Ade-

Abajo. La histórica Casa de los Siete Tejados de Allgäu destruida. En esta población alemana vivió su último capítulo la Legión India.

Página siguiente. Oficial sij durante un acto organizado en Berlín por el Centro India Libre. El emblema en la manga de la guerrera, los pantalones de montar para oficiales y las botas altas diseñadas para el *Afrikakorps* son parte esencial de su uniforme.

más, Nehru, primer ministro de la naciente República de la India, había sido un rival directo de Bose y temía que valorar la labor del ejército de su contrincante político afectara a su estabilidad política.

Desde el punto de vista político, considerar a la Legión como un tigre de papel es incorrecto si nos olvidamos de los acontecimientos que ocurrieron en la India británica desde 1945, especialmente en el seno de las fuerzas armadas indo-británicas de la posguerra. Analizar el impacto de la Legión supone considerar la importante influencia del movimiento Azad Hind en la consecución de la independencia en 1947. Y en este sentido, no hay duda de que los voluntarios indios que combatieron a las órdenes de Berlín o de Japón contribuyeron a acelerar la independencia de la India.

BIBLIOGRAFÍA

Ailsby, Christopher, *Mercenarios de Hitler*, Libsa, Madrid 2006.

Bamber, Martin, *For free India. Indian soldiers in Germany and Italy during the Second World War*, Oskam-Neeven, 2010.

Bharati, Swami Agehananda, *The Ochre Robe*, George Allen & Unwin, London, 1961.

Hartog, Rudolf, *Im Zeichen des Tigers. Die Indische Legion auf deutscher Seite 1941-1945*, Herford, Busse Seewald, 1991.

Hernández Moreno, Alberto, *No lucharon solos. Aliados del Eje en la 2ª Guerra Mundial*, Galland Books, Valladolid, 2018.

Kuhlmann, Jan, *Die Indische Legion im Zweiten Weltkrieg: Interkulturelle Menschenführung zwischen Atlantikwall und Wehrmachtsgefängnis*, en *Südasien-Chronik Sourh Asia Cronicle*, 5/2015, Südasien-Seminar der Humboldt-Universität zu Berlin.

Subhas Chandra Bose und die Indienpolitk der Achsenmächte, Hans Schiler, Berlin, 2003.

Oesterheld, Joachim, *The last chapter of the Indian Legion, en Südasien-Chronik Sourh Asia Cronicle*, 5/2015, Südasien-Seminar der Humboldt-Universität zu Berlin.

O´Sullivan, Adrian, *Espionage and Counterintelligence in Occupied Persia (Iran): the Success of the Allied Secret Services, 1941-1945*, Palgrave Macmillan, 2015.

Rose, Eugen, *Azad Hind. Ein europäisches Inder-Märchen oder die 1299 Tage der Indischen Legion in Europa*. Wuppertal, Bhaiband Verlag, 1989.

Sareen, T. R., *Subhas Chandra Bose and Nazi Germany*, Mounto Pub. House, New Delhi, 1996.

Villamor, Rubén, *Los asiáticos de Hitler. Voluntarios de India, Centro-Asia y Lejano Oriente en el ejército alemán (1941-1945)*, Ediciones Trafalgar, Madrid, 2018.

Zoller, Albert, *Hitler privat. Erlebnisbericht seiner Geheimsekretärin*, Droste-Verlag, Düsseldorf, 1949.